W0336043

rowohlts monographien
begründet von Kurt Kusenberg
herausgegeben
von Klaus Schröter

Michail A. Bakunin

mit Selbstzeugnissen
und Bilddokumenten
dargestellt von
Justus Franz Wittkop

bildmonographien
rororo

Rowohlt

Dieser Band wurde eigens für «rowohlts monographien» geschrieben
Den Anhang besorgte der Autor
Herausgeber: Kurt Kusenberg · Redaktion: Beate Möhring
Vorderseite: Michail Bakunin (um 1860)
Rückseite: Flugblatt, 1848 (International Instituut voor Sociale Geschiedenis, Amsterdam)

Veröffentlicht im Rowohlt Taschenbuch Verlag GmbH,
Reinbek bei Hamburg, September 1974
Copyright © 1974 by Rowohlt Taschenbuch Verlag GmbH,
Reinbek bei Hamburg
Alle Rechte an dieser Ausgabe vorbehalten
Satz Aldus (Linotron 505 C)
Gesamtherstellung Clausen & Bosse, Leck
Printed in Germany
980-ISBN 3 499 50218 6

20.–22. Tausend Januar 1987

Inhalt

Michail Bakunin. Stich von W. Barbotin

DER JUNKER (1814–1835)

Mein Glück und meine eigne Würde im Glück und in der Würde aller, die um mich waren, zu suchen, das war mein Glaube, das war das Ziel, nach dem ich mein Leben lang gestrebt habe. Als meine heiligste Pflicht sah ich es an, mich gegen jede Unterdrückung zu empören ohne Unterschied, wer der Tyrann oder das Opfer war. In mir gab es immer viel Don-Quixoterie nicht nur in der Politik, sondern auch in meinem Privatleben; ich konnte vor einer Ungerechtigkeit nicht mein kaltes Blut bewahren, noch weniger vor einem offensichtlichen Akt der Unterdrückung.[1]*

Dieser Ausspruch Bakunins über sich selbst ist nicht eitle Prahlerei, er trifft sehr genau das Wesen dieses seltsamen, großherzigen, impulsiven, wilden, kindlich-naiven, rücksichtslosen und zartfühlenden Russen, der quer durch Europa für seine Unruhe immer neue Betätigungsfelder suchte und dessen Spuren aus der Geschichte der Revolutionen seit der Mitte des vorigen Jahrhunderts nicht wegzudenken sind.

Michail Alexandrowitsch Bakunin wurde am 18. Mai 1814 auf dem väterlichen Gut bei dem Dorf Prjamuchino (Distrikt Torjok, Gouvernement Twer [heute: Kalinin]) geboren. Woher ursprünglich die Familie Bakunin stammt, ist ungewiß geblieben; manche leiten sie von den hochadeligen Bathory aus Siebenbürgen ab, andere haben wohl aus etymologischen Gründen an die Stadt Baku gedacht. Michails Großvater war ein reicher, selbstherrlicher Grundbesitzer, der acht Kinder hinterließ, so daß die beträchtliche Erbschaft in viele Teile ging. Zudem geriet in den Jahren nach seinem Tod, 1808, die russische Landwirtschaft aus verschiedenen weltpolitischen Gründen in eine Krise, und die Familie erlebte einen wirtschaftlichen Abstieg, ein Umstand, der vielleicht die mystischen Neigungen begünstigte, denen sich, freilich auch einer Zeitströmung folgend, ein Sohn und drei Töchter ergaben. Ein anderer Sohn konnte, ähnlich wie später auch Michail, kein realistisches Verhältnis zum Geld gewinnen und starb nach finanziellem und moralischem Ruin.

Michails Vater, Alexander Bakunin, übernahm das Stammgut. Er gehörte damit zu den fünftausend größten Grundbesitzern des russischen Reiches, da er nach einigen Angaben fünfhundert, nach anderen sogar tausend Leibeigene besaß, wobei deren Angehörige noch nicht mitgezählt sind.

Im Fragment einer Autobiographie sagt Michail über ihn: *Mein Vater entstammte einer alten russischen Familie. Als er kaum 8 oder 9 Jahre alt war, schickte ihn ein Onkel, der auch den Namen Bakunin trug und*

* Die hochgestellten Ziffern verweisen auf die Anmerkungen S. 130f.

Das Geburtshaus in Prjamuchino

Minister für auswärtige Angelegenheiten unter der Regierung von Katharina II. war, als Attaché der dortigen russischen Botschaft nach Florenz. Botschafter war einer seiner reichen Verwandten; er wollte sich um die Erziehung seines jungen Neffen kümmern. Erst im Alter von 35 Jahren kehrte mein Vater nach Rußland zurück.[2]

In Italien hatte der Vater aber auch Medizin studiert und an der Universität von Padua promoviert. Der junge Doktor fand in den russischen Gesandtschaften verschiedener italienischer Fürstentümer Beschäftigung als Übersetzer. Bei seiner Heimkehr wurde er in St. Petersburg Staatsrat, demissionierte aber auf Wunsch seiner Mutter sehr bald, um sich dem Stammgut zu widmen, zumal ihn das Leben bei Hof und das Treiben der höfischen Gesellschaft mit Widerwillen erfüllte. Im Ausland war er zum Philanthropen und Deisten voltairescher Prägung geworden; er gehörte der «Geheimgesellschaft des Nordens» an, in der sich aufklärerisch denkende Glieder der höheren Stände zusammengeschlossen hatten. Dort diskutierte man heimlich bereits die Abschaffung der Leibeigenschaft und propagierte, im Gegensatz zu den radikal zentralistischen Vorstellungen des späteren Dekabristenführers Pawel I. Pestel, föderative Ideen. In den Dekabristen-Aufstand waren auch namhafte Mitglieder der «Union des Nordens» verwickelt. Nach dessen brutaler Niederschlagung war jede Hoffnung auf Reformen erstickt. Alexander Bakunin löste sich aus seinen oppositionellen Verbindungen. Doch schon vor dem erst 1861 erlassenen Gesetz über die Aufhebung der Leibeigenschaft befreite er seine Bauern und stellte den Gutsbetrieb auf Lohnzahlung um. Eine unrentable Baumwollspinnerei auf dem Gut vermehrte die finanziellen Schwierigkeiten. Bereits 1834 war der Besitz mit schweren Hypothekenzinsen belastet.

Mit vierzig Jahren hatte Alexander Bakunin eine achtzehnjährige verarmte Adlige geheiratet, eine Murawjew, nicht ohne zuvor, ehe er ihr Jawort erhielt, in Werther-Stimmung einen Selbstmordversuch gemacht zu haben. In der Ehe beeinflußte die junge Frau ihn in reaktionärem Sinn; doch er hatte wohl selbst nach dem Schock der Dekrabisten-Hinrichtungen auf die hochgestimmten liberalen Träumereien verzichtet. Über die Mutter fällt Michail ein hartes Urteil: *Sie war im Grunde eine oberflächliche und egoistische Frau, und keines ihrer Kinder empfand Liebe zu ihr. Dagegen haben wir alle unseren Vater, der gut und nachsichtig zu uns war, innig geliebt.*[3] Vielleicht waren die despotischen Charakterzüge der Mutter eine der Ursachen, die den unbedingten Freiheitsdrang Michails schon im Kindesalter weckten.

Das Ehepaar hatte elf Kinder. Der Vater leitete selbst die Erziehung, bis zu Michails elftem Lebensjahr und der Thronbesteigung Nikolaus' I. nach westlichen Grundsätzen. Nach dem Dekabristen-Debakel änderte er die Methode radikal.

Inwieweit seine frömmelnden Schwestern, die betend und fastend auf dem Gutshof lebten, die Kinderschar beeindruckten, ist schwer zu sagen; bei den Mädchen, Michails Schwestern, zeigten sich jedenfalls gleichfalls zeitweilig mystische Neigungen; namentlich die zweitälteste, Warwara, überspannte vor ihrer Heirat die fromme Inbrunst bis hart an religiösen Wahn.

Den Winter verbrachte die Familie meist in Twer, der nächsten größeren Stadt, wohl auch weil der Vater Adelsmarschall des Gouvernements war. Im Vaterhaus wurde viel musiziert, und Musik sollte für Michail sein Leben lang große Bedeutung behalten. Früh überließ der Knabe sich schweifenden Phantasien: *Die Abenteuerlust, der Reisetrieb beherrschten mich ... In meinen Mußestunden huldigte ich der Träumerei und sah mich weit fort vom Vaterhaus auf der Suche nach Abenteuern ... Meine Brüder und vor allem meine Schwestern liebte ich sehr, während ich für meinen Vater jene Art Verehrung empfand, die man für einen Gott hat.*[4] Leidenschaftlich liebte er namentlich seine jüngere Schwester Tatjana, und Ricarda Huch schreibt in ihrer Bakunin-Biographie, daß «die Liebe zwischen Bruder und Schwester sich der Grenze des von der Natur Verwehrten nähert»[5]. Seine späteren Briefe an Tanjuscha zeugen von einer Glut, die einem Liebhaber anstünde. So als Zwanzigjähriger: *Nein, charmante Freundin, niemand hat Deinen Brief gesehen, aber verbrennen? Nein! Ich bewahre ihn auf, er wird mich keinen Augenblick verlassen. Du hast meine Zweifel verscheucht, angebetete Schwester. Nichts kann uns mehr trennen. Wie fühle ich es, daß ich Dich mehr als*

Der Vater: Alexander Bakunin

alles auf der Welt liebe. Und Du liebst mich, so habe ich die Fülle des Glücks. Ich fühle es, weißt Du, und kann nicht daran glauben. Du kannst Dir ja nicht vorstellen, wie schwer es mir fiel, mich mit Deiner Gleichgültigkeit abzufinden, und was für grauenvolle Leiden mir die Feder in meinen Briefen an Dich führten. Und jetzt sehe ich mich von neuem geliebt von der, die ich am meisten auf der Welt liebe.[6]

Mit vierzehn Jahren schickt der Vater ihn auf die Artillerieschule in St. Petersburg, damit er einen Beruf ergreifen kann, der ihm den Lebensunterhalt garantiert. *Als ich das Vaterhaus verließ, sprach ich einigermaßen französisch ... Ich konnte auf deutsch ein paar Sätze sagen, und verstand englisch. Kein Wort griechisch noch lateinisch, und von der russischen Grammatik hatte ich nicht den geringsten Begriff ... Außerdem hatte ich noch einige ungenaue Kenntnisse in Geographie ... Ich war in Mathematik – dank einem Onkel – ziemlich stark; in der Algebra stand ich bei den Gleichungen ersten Grades und beherrschte die Planimetrie. Das war mein ganzes wissenschaftliches Gepäck, das ich bei vollendetem 14. Jahre aus dem Vaterhaus mitbrachte.*[7]

In seinen Erinnerungen spricht er auch wohlwollend von dem Popen,

Die Mutter: Warwara A. Bakunin, geb. Murawjew

bei dem die Kinder beichten mußten und der ihnen Lebkuchen mitbrachte. Die Trennung vom Elternhaus fiel dem Jungen sehr schwer; Heimweh plagte ihn. *Hier beginnt eine neue Epoche meines Lebens. Bis dahin waren meine Seele und meine Phantasie unschuldig und rein; noch nichts hatte sie beschmutzt; doch auf der Artillerie-Schule lernte ich plötzlich alles kennen, was das Leben Finsteres, Schmutziges und Hassenswertes darstellen kann. Und ohne die Laster zu übernehmen, deren Zeuge ich oft war, gewöhnte ich mich auf jeden Fall derart daran, daß sie mir keinen Ekel und nicht einmal Erstaunen mehr verursachten. Ich gewöhnte mich sogar daran, zu lügen . . . Während der drei Jahre meines Kadettenlebens habe ich fast nichts getan, und ich arbeitete immer nur die drei letzten Monate des Jahres, um das Examen bestehen zu können,* schreibt er acht Jahre später an den Vater.[8]

Der Drill und Gamaschendienst einer Militärschule unter der jeden schöpferischen Gedankens baren Regierung eines Nikolaus I. mußte dem empfindsamen Kadetten zur Qual werden. *Jede Grausamkeit, jedes Unrecht empörte mich, brachte mich auf. Ich bin sogar geneigt, zu glauben, daß die Empörung und die Auflehnung die beiden hervorragendsten*

Gefühle waren, die sich in mir mit mehr Intensität entwickelten als alle übrigen.[9] Auch sie finden Nahrung in den gesellschaftlichen Verhältnissen: *Meine moralische Erziehung war allein schon dadurch verfälscht, daß meine gesamte Existenz auf einem so offensichtlichen Unrecht und auf vollkommener Unmoral beruhte – auf der Sklaverei unserer Bauern, die unseren Müßiggang möglich machte.*[10]

Dann öffnet sich ihm das Schultor. *Endlich, mit achtzehn Jahren, wurde ich zum Offizier ernannt. Da begann eine weitere Epoche meines Lebens. Nach einer durch die strenge Militärdisziplin bedrückten Existenz und völlig weltfremd, trat ich plötzlich in die persönliche Freiheit hinaus und wurde ins Leben hineingeschleudert. Ich vermag Ihnen nicht das Gefühl zu schildern, das mich bei dem jähen Wechsel ergriff. Alles, was ich sagen kann, ist, daß ich freier zu atmen begann, daß ich auf einmal höhere Gedanken hatte, und daß ich zum erstenmal nach so langer Betäubung in mir ein Aufleben geistiger Tätigkeit verspürte. Anfänglich ließ ich mich von dieser neuen Welt verführen und freute mich, hingehen zu können, wohin ich wollte, und in jedem Augenblick. Ich hörte fast völlig auf, meine Klassenkameraden zu sehen und schnitt fast alle Verbindung zu ihnen ab: ihre Gegenwart weckte in mir alles, was mein vergangenes Leben Absurdes und Hassenswertes gehabt hatte. Um diese Zeit glaubte ich in Marie Alexewna Voejkowa verliebt zu sein. Dieses durchaus kindliche Gefühl, das nur in meiner Einbildung existierte, kennzeichnete jedoch das erste entschiedene Erwachen meines geistigen Lebens. Es eröffnete mir eine neue Welt, es reinigte meine Seele von dem Rost, der an ihr während des Aufenthalts in der Artillerie-Schule gefressen hatte. Der Wunsch nach einem mannhaften und edlen Leben erfüllte mich, der ich bis dahin aus Trägheit nie an meine Zukunft gedacht hatte, und ich entschloß mich, an meiner eigenen Ausbildung zu arbeiten und mich zu vervollkommnen.*[11]

Da kommt es zu einem Zwischenfall. Ein Vorgesetzter ertappt ihn in verbotenem Zivil, eine unbotmäßige Antwort erschwert das Vergehen, das seine Strafversetzung in eine kleine litauische Garnison nach sich zieht. Von dort schreibt er 1834 an den Vater: *Tanz und Bälle, die das größte Vergnügen unserer Jugend sind, und das Ideal, das ihre Phantasie entzündet, finde ich sterbenslangweilig . . . Ich möchte bloß wissen, welches der Zweck meines Daseins und welcher Platz mir in der gewaltigen Maschine der Welt zugedacht ist . . . Mein ganzes Wesen ruft nach Aktivität, Bewegung und alles, was ich tue, beschränkt sich darauf, für die Zukunft zu arbeiten.*[12] Bücher in französischer, deutscher und polnischer Sprache fand er in der Bibliothek eines hohen Verwaltungsbeamten. Doch unter so ausgedehnter Lektüre leidet der Dienst. «Er versah seinen Dienst nicht und lag tagelang in seinem Pelz auf dem Bett. Der Regimentskommandeur . . . erinnerte ihn daran, daß er seine Pflicht tun oder seinen Abschied nehmen müsse. Bakunin kam sofort um seinen

Schwester Tatjana

Abschied ein», erzählt Alexander Herzen in seinen Erinnerungen.[13]

Der junge Offizier nimmt sofort einen Urlaub, um die Entlassung zu Hause zu erwarten, und lehnt auch die Übernahme in den Zivildienst ab. Er will nach Moskau an die Universität, und da der Vater den inzwischen Einundzwanzigjährigen finanziell nicht unterstützen kann, glaubt er, sich den Lebensunterhalt mit Mathematikstunden selbst verdienen zu können. Voll Skepsis willigt der Vater schließlich ein.

Blick auf Moskau. Lithographie, um 1830

ENTSCHEIDENDE JAHRE (1835–1842)

In Moskau ist Michail nicht ohne Verbindung; er verkehrt im Haus einer alten Freundin der Familie Bakunin, Frau Beer, mit deren beiden Töchtern Natalie und Alexandra er sich aufs engste anfreundet, und gehört bald zu dem kleinen Zirkel junger Leute, der sich in ihrem Haus trifft. Hier lernt er den jungen Dichter Nikolaj W. Stankjewitsch kennen, dem er sich begeistert anschließt. Bis in seine letzten Jahre hinein wird er den früh Verstorbenen seinen *geistigen Vater* nennen. Im Freundeskreis werden, ganz dem Geschmack Michails entsprechend, die üblichen mondänen Vergnügungen, Tanzveranstaltungen und Bälle, abgelehnt, dagegen wird leidenschaftlich der Lektüre gehuldigt, bei der die deutsche Literatur breiten Raum einnimmt. Michail liest E. T. A. Hoffmann, Jean Paul, Bettina von Arnim und von Goethe nicht nur die Jugendwerke. Er übersetzt den «Briefwechsel mit einem Kinde». Den Eindruck, den er auf die Freundinnen macht, schildert Natalie Beer in einem Brief an die Schwester. «Er ist einer von denjenigen Menschen, deren Charakterstärke und Seelenbegeisterung Großes vermögen. Seine Anwesenheit hat eine Wirkung auf mich ausgeübt, von der ich Dir niemals einen vollständigen Begriff werde geben können. Es war ein Chaos, ein Abgrund von Gefühlen und Ideen, die mich vollständig erschütterten; tausendmal machte ich mich daran, diese Dinge zu überdenken, zu vertiefen, und jedesmal verlor ich mich in dem Labyrinth. O das kommt daher, weil das Herz und der Kopf Michails ein Labyrinth sind, in welchem Du nicht bald einen wegweisenden Faden findest, und die Funken, die dann und wann aufflammen (denn sein Herz und sein Kopf sind aus Feuer) entzünden auch in Dir unvermerkt Herz und Kopf.»[14]

Sein Lieblingsbuch ist um diese Zeit Gogols «Taras Bulba», und Ricarda Huch weist darauf hin, daß die darin geschilderte Republik der Ebenbürtigen sich seinen geistigen Vorstellungen eingeprägt habe. Vor allem aber beginnt er, sich auf Stankjewitschs Anregung mit der deutschen Philosophie zu beschäftigen. 1838 übersetzt er Fichtes «Anweisung zum seligen Leben». Er macht sich Fichtes ethische Weltanschauung zu eigen. In einem Brief an Natalie Beer schreibt er: *Gott hat in mein Herz mit seiner Hand das heilige Wort geschrieben, worin mein ganzes Dasein wurzelt: «Dieser wird nicht für sich selbst leben.»*[15]

Ist Stankjewitsch sein Mentor, so ist in seiner Freundschaft zu Wissarion G. Belinskij, dem später berühmt gewordenen russischen Kritiker, Michail der Lenkende, gegen den der um drei Jahre Ältere sich zuweilen wehren muß: «In meinen Augen bist Du jetzt nichts anderes als ein Ausdruck chaotischen Gärens der Elemente. Dein Ich strebt, sich heraus-

Moskau: die Universität. Holzschnitt von Damüller

zuarbeiten und zwar in riesenhaften Formen.»[16] Aus Gefühlsverwirrung kommt es zu Spannungen zwischen ihnen. Denn Belinskij verkehrt im Hause Bakunin, erregt der Schwestern wegen des Bruders Eifersucht und wirft ihm nicht unbegründet Herrschsucht vor, weil sein Familiensinn tatsächlich seltsame Auswüchse zeitigt, so wenn Michail alles unternimmt, um Warwara, die Älteste, von dem ungeliebten Mann zu lösen. (Sie fährt schließlich – die Ehe trennend – nach Italien, wo sie den todkranken, vergeblich im Süden Genesung suchenden Stankjewitsch pflegt.)

1839 kommt Alexander Herzen nach Moskau, Sohn eines reichen russischen Adeligen und einer Schwäbin. In Nikolaj P. Ogarjows Haus lernt Bakunin ihn kennen. Herzen ist unter dem Einfluß der Schriften von Saint-Simon Sozialist geworden. Erschüttert ist er über die politischen Schlußfolgerungen, die der junge Bakunin aus den Lehren Hegels gezogen hat: Michail hat im Vorjahr im «Moskauer Beobachter» ein Vorwort zu seiner Übersetzung von Hegels «Gymnasialreden» veröffentlicht, worin sich Sätze wie der folgende finden: *Sich gegen das, was ist, zu empören oder allen Lebensquell in sich zu töten, ist ein und dasselbe: sich mit der Wirklichkeit auszusöhnen, ist unter jedem Gesichtspunkt die große Pflicht unserer Epoche.*[17] Also auch mit dem russischen Despotismus, also auch mit der Tyrannei Nikolaus' I.? Alexander Herzen diskutiert mit dem jungen Publizisten; es fällt ihm nicht schwer, ihn bald für die Opposition zu gewinnen, und von seiner Herzlichkeit, Leidenschaftlichkeit, Naivität, von seiner Unbändigkeit bei solider Bildung ist er angetan. Es entwickelt sich eine Freundschaft, die bei allen gelegentlichen Differenzen bis ans Lebensende dauert.

Hegel gelten auch weiterhin Bakunins Studien. 1839 schreibt Ogarjow an Herzen: «Sobald er allein ist, vertieft er sich in die Philosophie Hegels; wenn er in Gesellschaft ist, läßt er sich vom Schachspiel derart absorbieren, daß er nicht mehr hört, was gesagt wird.»[18] Er liebt es nun, Laien und Neulinge in Hegels Schriften einzuführen.

Zu Schwierigkeiten kommt es in der Beziehung zum Vater. Schon am 29. Februar 1836 hat er an die Schwestern geschrieben: *Habt Ihr Papas Brief gelesen? Er hat mich für immer aus der Familie ausgeschlossen ... Ist es mein Fehler, wenn meine Seele nicht in der Gewohnheit, den Konvenienzen und den Pflichten einen genügenden Halt finden konnte? Ist es mein Fehler, wenn ich, als ich in der Familie ein echtes Gefühl suchte, nur ein von Dogmatik ersticktes und den Regeln der Rhetorik unterworfenes Gefühl fand? ... Die Familie allein verband mich noch mit der äußeren Welt, und jetzt ist dieses Band zerrissen. Für immer habe ich mich damit von der Welt und von der Gesellschaft getrennt, ich bin nur noch ein einfacher Mathematiklehrer ...*[19] Noch ist der Bruch mit seiner bisherigen Welt eher Resignation als Revolte, mehr persönlicher Freiheitsdrang als Wunsch zu ihrer Zertrümmerung. Noch hegt er

Bakunin. Aquarell, 1838

auch akademische Pläne. Universitätsprofessor will er werden, im *Dienst der Wahrheit* und aus *Leidenschaft zur Erkenntnis,* wie er in den Briefen an den Vater bekennt.[20] Doch schon liegt ihm auch daran, Einfluß auf die Jugend zu bekommen, ein Wunsch, dem er sein Leben lang treu bleiben wird, auch als er längst Wege jenseits des Lehrbetriebs eingeschlagen hat.

Aus dem Briefwechsel mit dem Vater geht hervor, daß auch sein Verhältnis zum Geld schon damals von der geradezu kindlichen Sorglo-

Wissarion G. Belinskij

sigkeit zeugt, die mit seiner unbekümmerten Großzügigkeit Hand in Hand geht. Der Vater schreibt ihm: «Du verstehst nicht zu sparen, Du machst leichtsinnig Schulden, ohne zu wissen, wann und wie Du sie zurückzahlen wirst, und wenn man Schuldner ist, sind die Zinsen eine so schwere Belastung! Du hoffst sogar im Stand zu sein, Deinem Bruder Nikolaus zu helfen, wenn er zum Offizier befördert wird. Gott stehe Dir bei! Ich werde mich immer über euere Freundschaft freuen, aber ich bitte Dich, wenn Dir an meiner Ruhe gelegen ist, Deine Brüder nicht mit aufgeklärten Ratschlägen zu überschütten und mir zum mindesten ihre sittliche Führung zu überlassen. Wenn man reich ist, kann man philosophieren, wenn es einem aber an den Gütern dieser Welt gebricht, soll man eifrig seinen Dienst erfüllen.»[21]

Alexander Herzen. Lithographie von K. Gorbunow

26 Jahre alt nimmt er eine Einladung Alexander Herzens an, der ihm die Mittel zu einer Reise über St. Petersburg nach Deutschland zur Verfügung stellt, ohne ihn dorthin zu begleiten. In St. Petersburg kommt es zum endgültigen Bruch mit Belinskij, der ihm die Einmischung in gewisse persönliche Angelegenheiten übelnimmt.

In Berlin angekommen, erfaßt ihn ein erleichterndes Gefühl von Freiheit. Auch der Lebensunterhalt kommt ihm billiger vor als in Moskau. Er besucht Theater und Cafés und lernt fließend deutsch sprechen. Er freundet sich enger mit Turgenjew an, der ebenfalls in Berlin studiert, und er verkehrt im Hause Varnhagens, wo Rahel Varnhagen allerdings schon seit sieben Jahren fehlt, dessen Salon aber noch immer vom «Jungen Deutschland» besucht wird. Der Hausherr ist von dem feurigen jungen Russen begeistert. Vor allem kommt Michail in Berlin in Kontakt mit den Links-Hegelianern, obwohl er im sogenannten «Doktorklub» nicht verkehrt. Er hört jedoch auch Vorlesungen des Rechts-Hegelianers Professor Werder und sogar die des alten Schelling, der bei der Jugend als reaktionär gilt. Später wird er schreiben: *Ich suchte in der Metaphysik das Leben, doch sie enthält nur Tod und Langeweile; ich suchte in ihr die Tat, doch sie ist nur absolute Untätigkeit.*[22] Auf einem Ausflug im Oktober 1841 nach Dresden macht er Bekanntschaft mit Arnold Ruge, dem Herausgeber der «Deutschen Jahrbücher», des führenden Organs der Jung-Hegelianer, und urteilt: *Er ist ein interessanter, namentlich als Journalist außerordentlicher Mann, mehr mit besonders starkem Willen und klardenkendem Gehirn als mit spekulativen Fähigkeiten begabt.*[23] Starken Eindruck machen auf ihn die Schriften von David Friedrich Strauß und vor allem von Ludwig Feuerbach, dessen Buch «Das Wesen des Christentums» gerade erschienen ist. Michail Bakunin wird Atheist. Ein anderes Werk, «Der Sozialismus und Kommunismus des heutigen Frankreich» von Lorenz von Stein (1815–90), macht ihn vertrauter mit einer Materie, die Herzen ihm bereits in Moskau nahegebracht hat – dem utopischen Sozialismus der französischen Denker.

Endgültig hat er den Gedanken an eine akademische Laufbahn aufgegeben, als er Anfang 1842 nach Dresden übersiedelt. Die Freundschaft mit Ruge ist nun so eng, daß sie es verträgt, wenn Bakunin bei dem blonden Pommern 2500 Taler borgt, die er nie zurückgeben kann. Der Freund veröffentlicht im Oktober 1842 in seinen «Deutschen Jahrbüchern» die erste größere Arbeit Bakunins unter dem Pseudonym Jules Elysard: *Die Reaktion in Deutschland* mit dem Untertitel *Fragment von einem Franzosen.* Darin spricht mit unverkennbarem Akzent bereits der Revolutionär.

Georg Wilhelm Friedrich Hegel. Stahlstich von Sichling nach einer Zeichnung von L. Sebbers

ADEPT DER REVOLUTION (1842–1847)

Die Schrift hebt mit dem Leitmotiv seines Lebens an: *Freiheit, Realisierung der Freiheit – wer kann es leugnen, daß dies Wort obenansteht auf der Tagesordnung der Geschichte?*[24] Wieder bekennt er sich darin zu Hegel: *Der Gegensatz und dessen immanente Entwicklung macht einen der Hauptknotenpunkte des ganzen Hegelschen Systems – und da diese Kategorie die Hauptkategorie, das herrschende Wesen unserer Zeit ist, so ist auch Hegel unbedingt der größte Philosoph der Gegenwart, die höchste Spitze unserer modernen, einseitig theoretischen Bildung ...*[25] Später wird er von dieser Epoche seines Lebens sagen: *Tag und Nacht sah ich nichts anderes als die Kategorien Hegels.*[26] In der Dresdner Schrift wendet er sich leidenschaftlich gegen jeden Versuch, die Gegensätze zu versöhnen, weil nur aus ihrem Zusammenprall die völlige Wahrheit hervorgehen kann. Er weissagt den Ausbruch der bevorstehenden Revolution: *Alle Völker und alle Menschen sind von einer gewissen Ahnung*

Berlin: die Universität. Lithographie, um 1840

erfüllt und jeder, dessen Lebensorgane nur nicht gelähmt sind, sieht mit einer schauerlichen Erwartung der nahenden Zukunft entgegen, welche das erlösende Wort aussprechen wird. – In Rußland selbst, in diesem endlosen und schneebedeckten Reiche, das wir so wenig kennen und dem vielleicht eine große Zukunft bevorsteht, – in Rußland selbst sammeln sich dunkle, Gewitter verkündende Wolken! – Oh, die Luft ist schwül, sie ist schwanger von Stürmen![27] Und er schließt mit den Sätzen, die wohl am häufigsten zitiert worden sind: *Laßt uns also dem ewigen Geiste vertrauen, der nur deshalb zerstört und vernichtet, weil er der unergründliche und ewig schaffende Quell alles Lebens ist. – Die Lust der Zerstörung ist zugleich eine schaffende Lust.*[28]

In Dresden wohnte der aus Preußen ausgewiesene politische Lyriker Georg Herwegh (1817–75) zeitweise heimlich in Bakunins Zimmer; beide waren von der Polenbegeisterung beseelt, und zusammen verkehrten sie in revolutionären Zirkeln. Aber in Dresden schloß er auch eine Freundschaft fürs Leben, die jenseits aller Politik lag. Mit seinem jüngeren Bruder, der nach Dresden gekommen war, verkehrte er bei dem Musiker Adolf Reichel, der einer seiner treuesten Freunde wurde; die Musik verband sie, denn Bakunin verspürte selbst eine Zeitlang Lust, Musiker zu werden. Übrigens kam auch die geliebte Schwester Tatjana nach Dresden und lebte zeitweise mit ihm.

Das Gefühl des Aufatmens, das ihn bei seinem Eintreffen in Berlin

Arnold Ruge. Lithographie, 1848

ergriffen hatte, war inzwischen einer Enttäuschung gewichen: das vormärzliche Deutschland kam ihm bedrückend, philiströs und abstoßend vor. Auch fühlte er sich nicht mehr sicher, da man in St. Petersburg auf den im Ausland mit «suspekten Kreisen» Umgang Pflegenden aufmerksam geworden war.

Gegen Ende des Jahres 1842 reiste er zusammen mit Herwegh in die Schweiz, zumal Ruges «Deutsche Jahrbücher» unter anderem auch wegen Bakunins Artikel verboten worden waren.

Aus Zürich schrieb er freilich an Herweghs Verlobte Emma Siegmund: *Es scheint mir jetzt, daß unsere Flucht aus Dresden, besonders die meinige, etwas überstürzt war; aber ich bereue es gar nicht – ich mag immer gern meine Existenz erneuern . . . Ich betrachte diese Ruhe, nach der man sich so sehnt, als das größte Unglück, das einem Menschen begegnen kann.*[29] Im März 1843 machte er übrigens in Zürich den Brautführer bei Herweghs und Emmas Hochzeit.

Im Mai kam der um sechs Jahre ältere Wilhelm Weitling (1808–71) aus dem Waadtland herüber. Er hatte gerade sein Buch «Garantien der Harmonie und Freiheit» veröffentlicht und war Mitglied des kommunistischen «Bundes der Gerechten», für den er die Programmschrift verfaßt hatte. (Für eben diesen Bund sollte Karl Marx fünf Jahre später im Auftrag das «Kommunistische Manifest» schreiben.) Zum erstenmal kam Bakunin in lebendigen Kontakt mit kommunistischen Ideen. Über

Georg Herwegh

Weitling urteilte er: *Ich fand in ihm angeborene Intelligenz, einen beweglichen Geist, viel Energie, aber vor allem einen wilden Fanatismus, einen edlen und stolzen Glauben an die Befreiung und an die Zukunft der zur Sklaverei verdammten Massen.*[30] Kritischer stand er seinen Theorien gegenüber. Einem Redakteur des «Schweizerischen Republikaners» namens Treichlen diktierte er eine Reihe von anonym abgedruckten Artikeln, deren letzter in der Ausgabe vom 13. Juni 1843 erschien. Zwar heißt es da: *Machen wir uns keine Illusionen: es handelt sich um nichts Geringeres als eine neue Religion, die Religion der Demokratie, die den Kampf wieder aufnehmen wird, den Kampf auf Leben und Tod unter der alten Fahne, mit der Devise: Freiheit, Gleichheit, Brüderlichkeit.*[31] Weitlings Staat jedoch lehnte er ab: *Es wäre keine freie Gesellschaft, es wäre keine echte, lebendige Gemeinschaft freier Menschen, sondern durchaus ein Regime von unerträglicher Unterdrückung, eine Herde durch Zwang zusammengehaltener Tiere, die nur die materielle Befriedigung im Auge hätte und jede geistige Domäne und die hohen Freuden des Geistes nicht kennte ... Andererseits sind wir durchaus überzeugt, daß der Kommunismus Elemente enthält, die von höchster Wichtigkeit für uns sind – und dies Wort scheint mir noch schwach. – Er ist auf den heiligsten Rechten, den menschlichsten Forderungen gegründet ... Der Kommunismus ist jetzt eine weltweite Frage geworden, an der kein Staatsmann länger vorbeigehen kann, und die er noch weniger durch bloße Gewalt-*

anwendung auszuschalten vermag.[32] Schließlich kommt Bakunin auch auf seine Auffassung von «Volk» zu sprechen: *Nein, der Kommunismus ist kein lebloser Schatten; er ist aus dem Volk entsprungen – und unter diesem Begriff verstehe ich die Mehrheit, die gewaltige Masse der Armen und Unterdrückten – das Volk, sage ich, ist immer der einzige fruchtbare Boden gewesen, aus dem – und nur aus ihm – alles hervorkam, was die Würde des Menschen ausmacht, alle großen Taten der Geschichte, alle befreienden Revolutionen.*[33] Und weiter: *Schaffen, wahrhaft schaffen kann man nur dank einer echten, magnetischen Berührung mit dem Volk.*[34]

Alle wesentlichen Ideen Bakunins finden sich bereits in dieser Artikelserie formuliert: bedingungslose Freiheitsliebe, Ablehnung jeder Art von Zwangsstaat, Anti-Individualismus, wenn man so will, weil er nur in der Gemeinschaft das Heil sieht, Glaube an die revolutionäre Kraft des Volkes, keineswegs nur des Proletariats, sondern auch der Bauern, aller Arbeitenden und sogar des «Lumpenproletariats», auf das er später besondere Hoffnungen setzen wird.[35]

Die Schweizer Behörden verhaften Weitling, und man findet in seinen Papieren auch den Namen Bakunins. Michail aber ist inzwischen zusammen mit dem in die Schweiz gekommenen Reichel und mit dem «Rotbart» genannten August Becker[36] zu einer Fußwanderung durchs Gebirge aufgebrochen, die ihn durchs Rhônetal, zum Thuner See, über Grindelwald und Furka nach Bern führt. Dort wohnt er bei dem materialistischen Philosophen Karl Vogt (1817–95), dem Verfasser von «Köhlerglaube und Wissenschaft» und Schwager Karl Follens (1795–1840)[37]. Auch zur Familie Vogt flocht sich eine währende Bindung. Der Sohn Adolf Vogt, jünger als Michail, sollte einstmals der Arzt sein, der Bakunin in seinen letzten Tagen pflegte.

In Bern erfuhr Michail, was sich inzwischen ereignet hatte. Der zukünftige Staatsrechtler und Professor Johann Kaspar Bluntschli[38] hatte im Auftrag der Schweizer Regierung einen Bericht über die Affäre Weitling[39] veröffentlicht, in dem auch Bakunin genannt war. Darauf begann sich der russische Botschafter in Bern für diesen Untertan des Zaren besonders zu interessieren; am 25. Juli verlangte er die Bestätigung des veröffentlichten Materials, worauf die Polizei des Kantons Zürich mitteilte, dieses Individuum habe vom 14. Januar bis 26. Juni bei dem Architekten Stadler in Enge gewohnt und sei kurz vor der Verhaftung Weitlings unter einem Vorwand abgereist, ohne den Paß visieren zu lassen und unter Zurücklassung erheblicher Schulden. Der russische Botschafter forderte nun Bakunins sofortige Rückkehr nach Rußland, wo der Inkriminierte wegen Umgangs mit «berüchtigten Übeltätern» abgeurteilt werden sollte. Da Bakunin sich weigerte, war er von nun an Emigrant. Der Adelstitel und alle Bürgerrechte in Rußland wurden ihm abgesprochen. An Reinhold Solger schrieb er: *Du weißt, daß ich verur-*

Wilhelm Weitling

teilt, meiner Adelstitel unwürdig erklärt und als Gemeiner nach Sibirien verschickt worden bin. Nun habe ich aber die Geschmacklosigkeit, die Pariser Luft der sibirischen vorzuziehen.[40]

In der Tat hatte er mit Reichel zusammen die Schweiz verlassen. In Brüssel machten sie Station. Dort traf er – eine schicksalhafte Begegnung – mit dem polnischen Historiker und Revolutionär Ignacy Lelewel zusammen, dessen demokratischer Slawophilismus und Traum von einer Bauernrepublik für Bakunin verführerisch waren. Ihren engen Nationalismus nicht erkennend, glaubte er nun in den Polen die einzigen slawischen Revolutionäre zu sehen, weil Lelewel bei seinen emigrierten Landsleuten ein Echo fand, das er selbst unter den Russen schmerzlich vermißte.

Im Juni 1844 trafen Reichel und er in Paris ein, wo auch sein Bruder weilte. Dort fand er andere alte Bekannte: Turgenjew, der ihn finanziell unterstützte, und Herzen, außerdem Arnold Ruge. In einem Brief schildert er: *Studiere viel politische Ökonomie und bin Kommunist von ganzem Herzen . . . Mir sind auch Stunden in russischer Sprache bei russischen Familien zu zehn und sieben Franken versprochen worden. Außerdem hat man mir von Rußland aus etwas Geld geschickt mit dem friedlichen Versprechen, meiner trübseligen Lage ein entscheidendes*

Ende zu setzen. O Gott, o Gott! da werde ich meine Schulden bezahlen und ein freier Mensch werden! Es geht gut mit uns (Reichel und Bakunin), *wir arbeiten viel, hoffen und erwarten viel und sind fröhlich und mutig.*[41]

Ruge hatte gehofft, seine in Deutschland verbotene Zeitschrift zusammen mit Marx unter dem neuen Titel «Deutsch-französische Jahrbücher» in Paris fortsetzen zu können. Eine einzige Nummer war im Februar 1844 erschienen und enthielt als Bestandteil einer Korrespondenz Marx–Ruge–Bakunin einen Brief des letzteren an Ruge aus dem Mai 1843: *Wenn Männer wie Sie nicht mehr an die Zukunft Deutschlands glauben und nicht mehr dafür arbeiten wollen, wer soll dann noch daran glauben, wer soll handeln?* Denn Ruge hatte voll Skepsis und Resignation die Erwartung eines nahe bevorstehenden Ausbruchs der deutschen Revolution an Marx getadelt. Und Bakunin ruft ihm zu: *Mein Blut und mein Leben für die Befreiung des deutschen Volkes! Glauben Sie mir, es wird sich erheben und in der Geschichte der Menschen ins helle Licht heraustreten!*[42] Sätze, die an sich schon seine angebliche Deutschfeindlichkeit widerlegen. Es handelt sich bei ihr später um Enttäuschung über die deutsche politische Entwicklung. Im gleichen Brief wendet er sich freilich von der deutschen Philosophie ab und den Franzosen zu. Trotzdem beschäftigt Hegel ihn auch weiterhin.

Durch Ruge lernt er in Paris die «engagierte» Romanschriftstellerin George Sand (1804–76), den Dichter Victor Hugo (1802–85), den christlichen Sozialreformer Félicité de Lamennais (1782–1854), vor allem aber Pierre-Joseph Proudhon (1809–65) kennen, mit dem er sich anfreundet und der sich von ihm in die Hegelsche Philosophie einführen läßt. Alexander Herzen berichtet: «Ich traf ihn [Proudhon] zwei- oder dreimal bei Bakunin, mit dem er eng befreundet war. Bakunin wohnte damals bei Adolf Reichel, dem Musiker, der eine bescheidene Wohnung in der rue de Bourgogne auf dem linken Seine-Ufer innehatte. Zu dieser Zeit ging Proudhon sehr gern dorthin, um Reichels Musik und den Hegel Bakunins zu hören; aber die philosophischen Debatten überwogen die Symphonien.»[43] Und Karl Vogt, ebenfalls in Paris, erzählt, er habe eines Abends Bakunin und Proudhon in eifriger Diskussion verlassen; als er am nächsten Morgen gekommen sei, um Reichel in den Jardin des Plantes zu begleiten, habe er Stimmen aus Bakunins Zimmer gehört, sei eingetreten und habe die beiden, Bakunin und Proudhon, beim erkalteten Kamin noch immer diskutierend angetroffen.[44]

In Paris begegnet Bakunin zum erstenmal Karl Marx, gleichfalls durch Ruges Vermittlung, nachdem er schon mit ihm korrespondiert hat. Marx wohnte vom November 1843 bis zu seiner Ausweisung im Januar 1845 in Paris. An die Begegnung in diesem Winter wird Bakunin sich später erinnern: *Marx und ich sind alte Bekannte. Ich traf ihn zum ersten Mal 1844 in Paris. Ich war schon Emigrant. Wir waren ziemlich befreundet.*

Er war damals viel fortgeschrittener als ich, so wie er noch heute zwar nicht fortgeschrittener, aber unvergleichlich gelehrter ist als ich. Ich verstand damals von Nationalökonomie nichts, ich hatte mich noch nicht von den metaphysischen Abstraktionen befreit, und mein Sozialismus entsprang nur aus dem Instinkt. Obgleich jünger als ich, war er schon Atheist, gelehrter Materialist und denkender Sozialist.[45]

Paris

Hinsichtlich der *metaphysischen Abstraktionen*, von denen er hier spricht, gibt ein Brief aus jener Zeit Auskunft: *Wahrhaftig unsere Unkenntnis ist beinahe vollkommen, wir leben in einer von Wundern und vitalen Kräften bevölkerten Atmosphäre, deren Explosion ohne unser Wissen und oft sogar außerhalb unseres Willens jeder unserer Schritte hervorrufen kann.*[46] Solche mystischen Spekulationen mußten

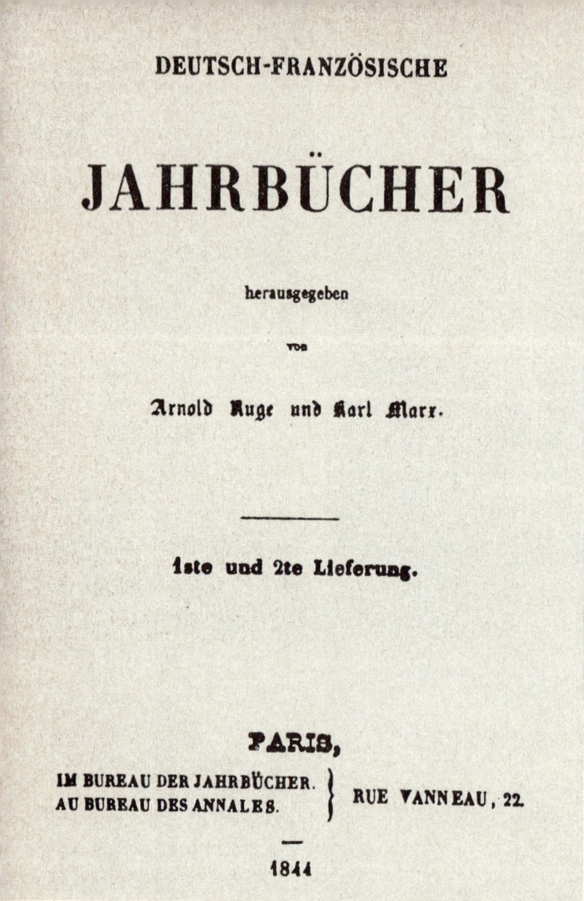
DEUTSCH-FRANZÖSISCHE

JAHRBÜCHER

herausgegeben

von

Arnold Ruge und Karl Marx.

1ste und 2te Lieferung.

PARIS,

IM BUREAU DER JAHRBÜCHER. } RUE VANNEAU, 22.
AU BUREAU DES ANNALES.

1844

Marx allerdings zuwider sein. In der Schilderung ihres gegenseitigen Verhältnisses fährt Bakunin fort: *Gerade zu jener Zeit arbeitete er* (Marx) *die ersten Grundlagen seines gegenwärtigen Systems aus. Wir trafen uns ziemlich oft, denn ich achtete ihn sehr wegen seiner Wissenschaft und seiner ernsten und leidenschaftlichen Hingebung an die Sache des Proletariats, obgleich diese immer mit persönlicher Eitelkeit vermischt war, und ich suchte begierig Gespräche mit ihm, die immer lehrreich und geistreich waren, wenn sie nicht kleinlicher Haß beseelte, was leider nur zu oft der Fall war. Aber es bestand nie eine offene Intimität zwischen uns. Unsere Temperamente vertrugen sich nicht. Er nannte mich einen sentimentalen Idealisten, und er hatte recht; ich nannte ihn einen perfiden und tückischen eitlen Menschen, und ich hatte auch recht.*[47]

Iwan S. Turgenjew

Schwerwiegend waren auch damals schon die Gegensätze im Sachlichen. *Es ist durchaus möglich, daß Marx sich theoretisch zu einem noch rationaleren System der Freiheit als Proudhon aufschwingen könnte, doch der Instinkt der Freiheit fehlt ihm, er ist von Kopf bis Fuß ein Autoritärer.*[48] Die Beziehung zwischen beiden verschlechterte sich schon sehr bald, und wenn Bakunin später ein hartes moralisches Urteil über Marx fällt, so hatte er wegen dessen Verhalten gewiß dazu einigen Grund: *Er ist außerordentlich eitel und ehrgeizig, streitsüchtig, intolerant und absolut wie Jehova, der Gott seiner Vorfahren . . . Es gibt keine Lüge und keine Verleumdung, die zu erfinden und gegen die zu verbreiten er nicht fähig wäre, die das Unglück hatten, seine Eifersucht zu erregen.*[49] Von den nicht ganz sauberen Machenschaften gegen Bakunin, deren Initiatoren Marx und Engels waren, wird noch die Rede sein. In jedem Fall waren der auf Großzügigkeit, Begeisterung, Ungestüm angelegte Russe und der auf Organisation, Systematik, analytische Theorie bedachte Begründer des «wissenschaftlichen Sozialismus» auch ihrer Herkunft, ihren Vorurteilen und ihrer ganzen Natur nach nicht dazu geschaffen, sich zu verstehen. «Dem einen kam es auf Organisation, Ordnung, Gütererzeugung, Betrieb an, dem anderen auf natürliches Menschenleben», schreibt Ricarda Huch in ihrem Buch «Michael Bakunin und die Anarchie».

George Sand. Stich von L. Calametta, 1840

Der deklassierte, berufslose Emigrant, zu dem Bakunin geworden war, fühlte sich in diesen Pariser Jahren trotz aller neuen und alten Freundschaften ohne Resonanz. Die Tatenlosigkeit bedrückte ihn. Viele Stunden verbrachte er in den Bibliotheken über historischen, statistischen, ökonomischen Büchern oder bei mathematischen Studien. *An manchen Tagen kam es vor, daß ich mich derart deprimiert fühlte, daß ich abends oftmals auf der Brücke stehenblieb, die ich auf dem Heimweg überqueren mußte, und mich fragte, ob es nicht das Beste wäre, mich in die Seine zu stürzen.*[50]

Es waren zudem wohl auch wirtschaftliche Sorgen, die ihm zusetzten. 1847 kam Herzen nach dem Tod seines Vaters wieder nach Paris, auch Turgenjew war da, und die Freunde machten ihn in der verfahrenen Lage wieder etwas flott. Ein Brief vom 6. September 1847 an Herwegh klingt schon munterer: *Glaubt mir's, bald wird es gutgehen, unser Leben fängt*

Pierre-Joseph Proudhon

bald an, und wir werden doch noch einmal so zusammen leben und wirken, breit und heiß, wie wir es alle drei nötig haben. Reichel ist verheiratet, zwar nicht gesetzlich, aber desto menschlicher. Ich aber warte auf meine oder, wenn ihr wollt, auf unsere gemeinschaftliche Frau, die Revolution. Nur dann werden wir wirklich glücklich, das heißt wir selbst sein, wenn der ganze Erdboden im Brande steht.[51]

Kurz vor seinem Tod war auch Belinskij in Paris; die einstigen Freunde schienen sich wieder versöhnt zu haben.

Seit der Aufstand von Krakau 1846 niedergeschlagen worden war, suchte Bakunin engeren Kontakt mit emigrierten Polen. Am 26. November 1847 kamen zwei seiner polnischen Freunde zu ihm und luden ihn ein, bei einer Veranstaltung zum Jubiläum des Polen-Aufstands von 1831 am 29. November das Wort zu ergreifen. Mit ganzem Herzen ging er darauf ein. Sein Thema lautete *Rußland, so wie es ist und wie es sein sollte.* Rußland, prophezeit er, steht am Vorabend einer Revolution; in deren Namen ruft er die Polen zu einem Bündnis mit den russischen Regimegegnern auf. Ein gemeinsamer Aufstand wird alle Slawen mitreißen, und das Ergebnis wird der Sturz der Despotie und die Föderation aller slawischen Völker sein. In seiner Begeisterung übersah er, daß die Polen nur rein nationale Ziele verfochten, und wenn er «als erster Russe die rote Fahne erhob» (Brupbacher), so befremdete er seine Zuhörer wohl eher dadurch.

Die Polen-Rede kam selbstverständlich noch am gleichen Tag dem Grafen Kisseleff, dem russischen Botschafter, zu Ohren. Er verlangte von der Regierung Louis-Philippes die sofortige Ausweisung Bakunins, und erreichte sie auch. Bakunin begab sich nach Brüssel. Heimtückisch setzte die russische Botschaft noch eine andere Waffe gegen ihn ein: die Verleumdung. Sie verbreitete das Gerücht, es handle sich um ein in Rußland wegen Diebstahls vorbestraftes Individuum, das für die Zarenregierung als «agent provocateur» arbeite.

Leider griff die von Karl Marx herausgegebene «Neue Rheinische Zeitung» die infame Lüge auf und behauptete, George Sand besäße Dokumente, die den Beweis erbrächten, daß Bakunin nur ein zaristischer Spitzel sei. *Diese Anklage fiel mir plötzlich wie ein Dachziegel auf den Kopf, gerade als ich in voller revolutionärer Organisation begriffen war, und lähmte mehrere Wochen lang meine Tätigkeit vollständig. Alle meine deutschen und slawischen Freunde hielten sich von mir fern.*[52] George Sand schickte der «Neuen Rheinischen Zeitung» sofort ein Dementi und einen Protest, die die Redaktion mit einer süffisanten Vorrede versah.

In Brüssel traf Bakunin (vor Bekanntwerden der verleumderischen Machenschaft) wieder auf Marx. In einem Brief an seinen Freund Annenkow vom 28. Dezember 1847 schrieb er: *Marx treibt hier dieselbe eitle Wirtschaft wie vorher; er verdirbt die Arbeiter, indem er Räsoneurs aus ihnen macht, derselbe theoretische Wahnsinn und die unbefriedigte, mit sich selbst unzufriedene Selbstzufriedenheit. Sie können sich kaum vorstellen, wie ich mich nach Reichel sehne.*[53]

Für den üblen Streich seiner Zeitung entschuldigte sich Marx im Jahr darauf, als sie sich in Berlin trafen, damit, daß die Notiz in seiner Abwesenheit publiziert worden sei. Bakunin schildert die Szene: *Gemeinsame Freunde zwangen uns, uns zu umarmen. Und dann, während eines halb scherzhaften, halb ernsthaften Gesprächs sagte mir Marx: «Weißt Du, daß ich jetzt an der Spitze einer so gut disziplinierten geheimen kommunistischen Gesellschaft stehe, daß, wenn ich einem Mitglied derselben gesagt hätte: geh und töte Bakunin, er Dich töten würde.» – Ich antwortete, daß, wenn* (seine) *geheime Gesellschaft nichts anderes zu tun hätte, als Leute zu töten, die ihm mißfallen, sie nur eine Gesellschaft von Bedienten oder lächerlichen Prahlhänsen sein könne.*[54]

Bakunin. Lithographie, 1849 (?)

Karl Marx, 1848

In Brüssel überraschte ihn der Ausbruch der Pariser Februar-Revolution: *So bald ich erfuhr, daß in Paris gekämpft wurde, lieh ich mir, um für jede Eventualität gerüstet zu sein, einen Paß bei einem Bekannten und machte mich auf den Weg nach Paris. Doch der Paß war überflüssig: «In Paris ist die Republik ausgerufen worden», waren die ersten Worte, die wir an der Grenze hörten. Bei dieser Nachricht fühlte ich etwas wie einen Schauer; zu Fuß kam ich nach Valenciennes, da die Eisenbahn zerstört war; überall Massen, Begeisterungsrufe, rote Fahnen in allen Straßen, auf allen Plätzen und auf allen öffentlichen Gebäuden . . . Ich kam am 26. Februar, drei Tage nach Ausrufung der Republik, in Paris an. Schon unterwegs amüsierte mich alles.*[55]

Die Revolution zu erleben berauscht ihn. Die Stadt ist noch mit Barrikaden durchsetzt, und allmorgendlich ist Bakunin um vier Uhr auf den Beinen. Bis zwei Uhr nachts eilt er von Club zu Club, um seine Gedanken zu propagieren. Er haust, länger als eine Woche, in der Kaserne der Rue Tournon zusammen mit fünfhundert Arbeitern. *Ich hatte also somit Gelegenheit, die Arbeiter zu sehen und sie von morgens bis abends zu studieren. Nirgends und niemals habe ich bei irgendeiner anderen sozialen Klasse soviel noble Selbstverleugnung, soviel wirklich rührende Anständigkeit, soviel Rücksichtnahme in den Manieren und liebenswerten Frohmut gepaart mit ebensoviel Heldentum gefunden, wie bei diesen einfachen, ungebildeten Menschen, die immer tausendmal besser waren und sein werden als ihre Führer! Vor allem überraschte mich bei ihnen ihr tiefer Instinkt für Disziplin.*[56]

Es brennt ihm auf den Nägeln, die Flamme der Revolution auch zu den Slawen, zu den Polen, zu den Russen, hinüberzutragen. Er erbittet von der provisorischen Regierung 2000 Francs, um an die polnische Grenze eilen zu können, und man stellt ihm, vielleicht nicht ungern, auch zwei Pässe aus, einen echten und einen auf falschen Namen. Marc Caussidière, der republikanische Polizeipräsident, soll gemeint haben, Bakunin sei unschätzbar am ersten Tag der Revolution, am zweiten müsse man ihn aber erschießen.

Im April kommt er durch Frankfurt am Main, wo in der Paulskirche das Vor-Parlament zusammentritt. Er macht Bekanntschaft mit einigen seiner Mitglieder, doch an Herwegh wird er schreiben: *Ich glaube nicht an Verfassungen noch an Gesetze. Die beste Verfassung kann mich nicht befriedigen. Wir brauchen etwas anderes: den Sturm und das Leben, eine neue Welt, in der das Fehlen von Gesetzen die Freiheit erschaffen wird.*[57]

Über Köln reist er nach Berlin, wo er ausgewiesen wird. Der Aufstand in Posen ist inzwischen niedergeschlagen worden. Bakunin eilt nach Breslau weiter, über Leipzig, wo er Ruge wiedertrifft und dessen Kandi-

Gutschein eines Revolutions-Komitees, 1848, mit dem Namen Bakounin

datur zum Abgeordneten durch sein Dazwischenkommen verhindert. Von dem Breslauer Aufenthalt berichtet Ruge: «Bakunin hatte hier zahlreiche Verbindungen angeknüpft und war bei allen beliebt wegen seines Geistes und seines liebenswürdigen Charakters. Er hatte zu dem von ihm ins Auge gefaßten Zweck viele Russen um sich versammelt. Er hatte sich auch mit den Tschechen in Verbindung gesetzt. Man hatte beschlossen, daß die Slawen in Prag einen Kongreß abhalten würden, damit sich die verschiedenen slawischen Nationalitäten untereinander verständigen könnten.»[58]

Der Kongreß, dessen Hauptinitiator und Präsident der Tscheche František Palacký war, fand vom 2. bis 12. Juni in Prag statt und war von tschechischen, mährischen, slowakischen, ruthenischen, polnischen, kroatischen und serbischen Vertretern beschickt. Bakunin war außer einem alt-gläubigen Popen der einzige Russe. Er wollte der Versammlung einen panslawischen Charakter geben und opponierte gegen Palackýs konservative Tendenz, die mit den Habsburgern paktieren wollte. Er brachte eine Resolution ein, in der eine demokratische Konföderation aller slawischen Völker, ein Bund gleichberechtigter Glieder, gefordert wurde, bei gleichzeitiger Abschaffung aller Klassenprivilegien, drang aber mit seinem Antrag nicht durch. Auch sein Versuch, die Slawen zur Solidarität mit den deutschen und ungarischen Revolutionären zu über-

Bewaffnete Arbeiter der Pariser Mobilgarde.
Holzstich nach Zeichnungen von Gavarni, 1848

Die Barrikade. Holzschnitt von Faucherry nach einer Zeichnung von
Gustave Courbet. Paris, Februar 1848

reden, scheiterte. Er neigte damals einer Konzeption zu, die die Diktatur forderte, bis die Völker für die unbedingte Gleichheit gewonnen seien.

Die tschechischen Studenten bereiteten für den 12. Juni 1848 einen Aufstand vor. Bakunin, der dessen Mißerfolg voraussah, riet davon ab. Trotzdem erhoben sich die Studenten, und Bakunin stellte sich nun in ihre Reihen, beteiligte sich sogar an der taktischen Leitung; um die Zersplitterung der Kräfte zu verhindern, setzte er sich für die Schaffung eines Zentralkomitees ein. Die Kämpfe dauerten bis zum 16. Juni. Nach dem vorausgesehenen Zusammenbruch der Insurrektion mußte Bakunin aus Prag fliehen. Der «Pfingstaufstand» setzte auch dem Kongreß ein Ende.

Bakunin kehrte nach Breslau zurück. Während in Paris Louis-Eugène Cavaignac in blutigen Straßenkämpfen den sozialen Tendenzen der Revolution eine Niederlage bereitete und zehntausend Arbeiter massakriert wurden, entfaltete Bakunin von Breslau aus eine fieberhafte, revolutionäre Tätigkeit, und Brupbacher meint: «Es schien, als habe die Revolte ganz Europas in seinem Gehirn und seinem Herzen Zuflucht gefunden.»[59] In Breslau blieb er kaum einen Monat, aber es gelang ihm, bis nach Rußland hinein zu agitieren. Über Mittelsmänner in Fiume ließ er Waffen heimlich für den 1845 in Kiew entstandenen «Zirkel Kyrill und Methodios», der sich für demokratischen Föderalismus einsetzte und die Leibeigenschaft und Körperstrafen abschaffen wollte, nach Odessa schaffen. Brockhaus und Avenarius druckten für ihn Traktate in mehreren slawischen Sprachen, als Gebete getarnt. Nach Art der Carbonari gründete er eine Geheimgesellschaft unter den Slawen. Ein Verräter drängte sich an ihn heran, ein Pole namens Bzowski, der ihn dem russischen Botschafter in Karlsruhe denunzierte, so daß die russische Regierung von der preußischen seine Verhaftung und Auslieferung verlangte. Trotzdem finden wir ihn alsbald in Berlin, wo er bei dem alten Burschenschaftler Hermann Müller-Strübing wohnt und bei Bettina von Arnim und wieder bei Varnhagen verkehrt. Damals lernte er auch Max Stirner kennen, den Autor von «Der Einzige und sein Eigentum». Anfang Oktober wird er aus Preußen ausgewiesen. Auf einem Gut in Anhalt verbringt er den Winter. In Köthen schreibt und veröffentlicht er einen *Aufruf an die Slawen.* Er selbst urteilt: *Ich konnte darin nicht deutlich und klar mein slawisches Ideal ausdrücken, denn ich suchte mich abermals den deutschen Demokraten zu nähern, da ich diese Annäherung für unerläßlich hielt; ich war also gezwungen zu lavieren zwischen den Slawen und den Deutschen, eine Art der Navigation, für die ich kein großes Talent besaß, und die ich weder schätzte noch gewohnt war.*[60]

Von den deutschen Demokraten war er freilich enttäuscht. Am 8. Dezember 1848 schrieb er an Herwegh: *Wenn die deutsche Nation bloß aus der großen, leider zu großen Masse der Spießbürger, der Bourgeoisie bestände, aus dem, was man heute das sichtbare, offizielle Deutschland nennen könnte – wenn unter dieser offiziellen deutschen Nation es nicht Stadtproletarier, besonders aber eine große Bauernmasse gäbe, dann würde ich sagen müssen: es gibt keine deutsche Nation mehr, Deutschland wird erobert und zugrunde gerichtet werden. Nur ein anarchischer Bauernkrieg einerseits und die Verbesserung der Bourgeoisie durch die Bankerotte können Deutschland retten ... Ich finde keinen Ausdruck, um die Stupidität und abstrakte Prinzipienreiterei der sogenannten demokratischen Führer in Deutschland zu bezeichnen.*[61]

Dennoch bemüht er sich weiter, die Vorurteile und Nationalismen auf beiden Seiten, bei den Slawen und bei den Deutschen, zu bekämpfen und, wo möglich, in allen Ländern gleichzeitig revolutionäre Aktionen zu entfachen. Der bolschewistische Biograph Bakunins, W. Polonski, schreibt über seine Pläne zu jener Zeit, sie zeugten von einem hervorragenden und eindringlichen Gefühl für das, was der Mechanismus der Revolution sei.[62] Unter höchster Gefahr für Leib und Leben begab er sich heimlich noch einmal nach Prag, wo die tschechischen Demokraten sich

Arnold Ruge und einige Jung-Hegelianer, darunter Max Stirner (mit Zigarre). Zeichnung von Friedrich Engels

Richard Wagner. Lithographie von E. B. Kietz

jedoch über seinen Radikalismus entsetzten. Die dortigen Getreuen aus seiner Geheimgesellschaft wurden nicht sehr viel später durch die Unvorsichtigkeit eines der Ihren entdeckt und teils zum Tod, teils zu schweren Kerkerstrafen verurteilt.

Die deutsche Revolution war bekanntlich im Herbst 1848 schon von den Fürsten in Ketten geschlagen worden: im Oktober war das aufständische Wien wieder von kaiserlichen Truppen besetzt worden, im November marschierte Wrangel mit seinen Regimentern wieder in Berlin ein.

Im März 1949 kommt Bakunin nach Dresden. Er wohnt als Dr. Schwarz im königlichen Menageriegarten in der Friedrichsstadt, wo auch Richard Wagner wohnt. Seine Wirtin war eine Witwe Naumann, deren Sohn Redakteur der radikalen «Dresdner Zeitung» war. Das Haus stand isoliert, und mehrere Zugänge erleichterten die konspirativen Besuche. Bakunin empfing hier von drei oder vier Uhr nachmittags bis spät in die Nacht hinein viele Leute, manchmal an einem Tag dreißig bis vierzig, darunter die Mitglieder der späteren provisorischen Regierung. Er lernte auch Richard Wagner und dessen Frau Minna kennen. Er versuchte, ihn dazu zu überreden, eine Prometheus-Oper zu komponieren. Wagner erzählt: «Ich hatte damals, von der Lektüre der Evangelien angezogen, einen für die ideale Bühne der Zukunft entworfenen Plan zu einer Tragödie ‹Jesus von Nazareth› verfaßt; Bakunin bat mich, ihn mit der Bekanntmachung davon zu verschonen; da ich ihn durch einige mündliche Andeutungen meines Planes dafür zu gewinnen schien, wünschte er mir Glück, bat mich aber völlig inständig, Jesus jedenfalls als schwach erscheinen zu lassen. In betreff der Musik riet er mir in allen Variationen die Komposition nur eines Textes an: der Tenor solle singen: ‹Köpfet ihn!›, der Sopran ‹Hängt ihn!› und der Basso continuo ‹Feuer, Feuer!›»[63]

Von dem persönlichen Eindruck, den Bakunin auf ihn machte, gibt Wagner in seinen Lebenserinnerungen ein anschauliches Bild: «Als ich ihn nun selbst im dürftigen Schutz Röckelscher Gastfreundschaft antraf, war ich zunächst durch die fremdartige, durchaus imposante Persönlichkeit dieses Mannes, der damals in der Blüte der dreißiger Jahre stand, wahrhaft überrascht. Alles war an ihm kolossal, mit einer auf primitive Frische deutenden Wucht . . . Überhaupt hatte er sich an das Sokratische Element der mündlichen Diskussion gewöhnt, und augenscheinlich war es ihm wohl, wenn er sich, auf dem harten Kanapee seines Gastfreundes ausgestreckt, mit recht viel verschiedenartigen Menschen über die Probleme der Revolution diskursiv vernehmen lassen konnte. Bei diesen Gelegenheiten blieb er stets siegreich; es war unmöglich, gegen seine bis über die äußersten Grenzen des Radikalismus nach jeder Seite hin mit größter Sicherheit ausgedrückten Argumente sich zu behaupten . . . Diese zerstörende Kraft in Bewegung zu setzen, dünkte ihm das einzig würdige Ziel der Tätigkeit eines vernünftigen Menschen. Während Bakunin solche furchtbaren Lehren in seiner Weise predigte, unterließ er es nicht, da er bemerkte, daß ich an den Augen litt, trotz meiner Abwehr den grellen Schein des Lichtes auf mich durch seine vorgehaltene breite Hand eine volle Stunde lang abzuhalten.»[64]

Obwohl Bakunin im Verborgenen leben mußte und mehrmals die Wohnung wechselte, um bei verschiedenen seiner Freunde, zuletzt bei einem Polen Julius Andrejewski, unterzuschlüpfen, wagte er sich in die Öffentlichkeit und besuchte sogar Konzerte, wie wiederum Richard Wagner berichtet: «Der Generalprobe [zu Beethovens «Neunter Symphonie»] hatte heimlich und vor der Polizei verborgen Michael Bakunin beigewohnt; er trat ohne Scheu nach der Beendigung derselben zu mir an das Orchester, um mir laut zuzurufen, daß, wenn alle Musik bei dem erwarteten großen Weltenbrande verloren gehen sollte, wir für die Erhaltung dieser Symphonie mit Gefahr unseres Lebens einzustehen uns verbinden wollten. Wenige Wochen nach dieser letzten Aufführung schien dieser ‹Weltenbrand› von den Straßen Dresdens aus sich wirklich entzünden zu wollen, und Bakunin, mit welchem ich bis dahin in sonderbarer und ungewöhnlicher Weise in näheren Umgang getreten war, schien dabei wirklich das Amt eines Oberfeuerwerkers übernehmen zu wollen.»[65]

Am 30. April 1849 löst der König von Sachsen das sächsische Parlament auf und weigert sich, die in Frankfurt beschlossene Reichsverfassung anzuerkennen. Es verbreitet sich das Gerücht, daß preußische Truppen im Anmarsch seien. Das Volk in Dresden will das Zeughaus stürmen (3. Mai), Soldaten eröffnen das Feuer. In der Stadt wachsen Barrikaden empor. Der König flüchtet. Bakunin wandert «im schwarzen Frack mit einer Zigarre» (Wagner) durch das erregte Dresden und spöttelt über die Unzulänglichkeiten der Verteidigungsvorbereitungen. Alsbald jedoch greift er selbst ein. Er bietet der provisorischen Regierung, die sich am 5. Mai um 2 Uhr mittags konstituiert, seine Dienste an. Sie besteht aus dem siebenunddreißigjährigen Kreisamtmann Otto Leonhard Heubner, dem gleichaltrigen Anwalt Samuel Erdmann Tzschirner und dem sechsundvierzigjährigen Regierungsrat Karl Todt. Bakunin richtet sich im Dresdner Rathaus ein und übernimmt die militärische Führung. Max Nettlau zitiert in seiner großen Bakunin-Biographie einen konservativen Augenzeugen: «Die Hauptpersonen dieses Aufstandes waren eigentlich nur zwei: Tzschirner, der ehemalige Vizepräsident der 2. Kammer, und der Russe Bakunin, der ganz unerwartet hier als Held der Revolution auftrat . . . die lange Gestalt in blauem Frack, mit einem Gesicht, in dem sich die roheste Wut ausdrückte, und Tzschirner mit seiner Eiseskälte.»[66]

Richard Wagner, der sich selbst viel leidenschaftlicher bei dem Dresdner Aufstand engagiert, als er später in seinen Erinnerungen in der Sonne bayerischer Fürstengunst wahrhaben will, erzählt: «Bakunin verließ das Rathaus und Heubner nicht mehr, um nach jeder Seite hin mit merkwürdiger Kaltblütigkeit Rat und Auskunft zu erteilen.»[67] Auch am 9. Mai noch ist er in Permanenz auf dem Posten: «Ganz ungestörte Sicherheit und feste ruhige Haltung traf ich bei Bakunin, welcher auch in seinem Aussehen nicht die mindeste Veränderung zeigte, trotzdem (sic), wie ich nachher bestätigt hörte, auch er in der ganzen Zeit zu keinem Nachtschlaf gekommen war. Er empfing mich auf einer der Matratzen, welche im Rathaussaale ausgebreitet lagen, mit der Zigarre im Munde, zu seiner Seite ein sehr junger Pole (Galizier) . . . welcher mit Leidenschaft sich an ihn angeschlossen hatte. Er hatte ihn zu sich auf das Lager niedergezogen und gab ihm jedesmal einen starken Schlag, wenn er, von einem heftigen Kanonenschlag aufgeschreckt, aufzuckte. ‹Hier bist Du nicht bei Deiner Geige›, rief er ihm zu, ‹wärst Du da geblieben, Musikant!›»[68]

Nach Graf Waldersee, dem Kommandeur der die Stadt belagernden preußischen Truppen, habe Bakunin auch die provisorische Regierung «terrorisiert». Auf jeden Fall war er die «Seele der Revolution». In der kleinen Brudergasse wurden ein paar Häuser angezündet; er rechtfertig-

Die provisorische Regierung im Rathaus von Dresden

te es: *Einmal in diesem Kampf engagiert, hatte ich ihn ernst genommen und fand es natürlich, daß man ein Theater und einige Häuser verbrannte, deren Verbrennen für unsere Verteidigung notwendig war. Der Krieg ist kein Kinderspiel, und man muß sehr naiv sein, um sich darüber zu erstaunen.*[69]

In der Tat brannte auch das Opernhaus ab; wie es heißt war Richard Wagner an dieser Feuersbrunst nicht ganz unschuldig. Daß Bakunin aber vorgeschlagen habe, die «Sixtinische Madonna» und einige Murillos aus dem Dresdner Museum auf den Barrikaden und Mauern aufzustellen, um die Truppen vom Schießen abzuhalten, wird wohl mit Recht bezweifelt. Doch er machte den Vorschlag, als die eingeschlossene Stadt nicht

Abführung von Gefangenen über die Elbbrücke, Mai 1849

mehr zu halten war, nun das Rathaus mitsamt der provisorischen Regierung in die Luft zu sprengen, drang mit seinem Antrag jedoch nicht durch.

Daraufhin organisierte er, durch eine Einschließungslücke hindurch, den Abzug von 1800 Revolutionskämpfern, um sich mit ihnen nach Böhmen durchzuschlagen. Karl Marx schrieb in der «New York Daily Tribune»: «Die Aufständischen fanden einen fähigen und kaltblütigen Führer in dem russischen Flüchtling Michail Bakunin.»[70]

Die provisorische Regierung schloß sich den Abziehenden an. Und Wagner, der gleichfalls flüchtete, erinnert sich: «Wirklich traf ich in diesem langsam bergauf sich bewegenden Fuhrwerke, einer eleganten

Dresdner Lohnkutsche, Heubner, Bakunin und den energischen Postsekretär Martin an, beide letztere mit Flinten bewaffnet.» Wagner stieg zu ihnen ein, und Bakunin berichtete ihm, er habe noch in der Frühe die Bäume der neugepflanzten Maximiliansallee fällen lassen, um durch diese Verhaue sich gegen einen Flankenangriff der Kavallerie sicherzustellen.[71] Er machte sich dabei über das Jammern der Bewohner um «die scheenen Beeme» lustig. Und als auch der Fuhrhalter, der den Wagen selbst kutschierte, zu lamentieren begann, weil die Wagenfedern bei der Überlastung litten, rief Bakunin: *Die Tränen eines Philisters sind Nektar für die Götter!*[72]

Er hatte vor, sich zu den Tschechen durchzuschlagen, um im Erzgebirge den Volkskrieg zu organisieren. Er argumentierte, Heubner habe zu den Waffen gerufen, seinem Ruf sei man gefolgt; Hunderte von Leben seien geopfert: die Leute jetzt wieder auseinanderzuschicken, heiße soviel, als ob man diese Opfer einem eitlen Wahn gebracht habe, und wenn sie beide allein übrigblieben, so hätten sie ihren Platz nicht zu verlassen; ihr Leben hätten sie verwirkt im Falle des Erliegens, ihre Ehre müsse aber unangetastet bleiben, damit in Zukunft nicht alle Welt einem gleichen Aufruf gegenüber in Verzweiflung gerate.[73]

In Freiberg aßen Bakunin, Heubner und Wagner in Heubners Wohnung zu Abend. Als erster brach Wagner nach Chemnitz auf, von wo zu seinem Glück sein Schwager ihn sofort nach Weimar schaffte. Etwas später, als sie endlich einen Wagen gefunden hatten, machten auch Bakunin und Heubner sich auf den Weg nach Chemnitz, von dem Wagner ihnen versichert hatte, es sei wie das ganze Vogtland für die Aufständischen. Sie fuhren jetzt ohne Bedeckung, denn die 1800 aus Dresden Entkommenen hatten sich inzwischen in alle Winde verlaufen.

In Chemnitz stieg man im «Blauen Engel» ab. Dort suchte eine Bürgerabordnung die Übermüdeten auf, die während einer ganzen Woche keinen Schlaf gefunden hatten, und beschwor sie, die Stadt nicht zum Kampfplatz zu machen, da die persönliche Sicherheit der Angekommenen sonst gefährdet sei. Die Verhandlungen zogen sich hin, und Bakunin, dem die Geduld riß, brach sie mit den Worten ab: *Wir wollen schlafen gehen.*

In der Nacht, gegen die Frühe zu, wurden Bakunin und Heubner von einer Schar unbewaffneter Bürger im Tiefschlaf überrascht und verhaftet. Heubner äußerte später: «Von einer Gegenwehr weiß ich nichts; sie wäre nach den Verhältnissen ein Unsinn gewesen.»[74]

Bei der nächtlichen Verhaftung hatte Heubners Schwager, Dr. Becker, eine entscheidende Rolle gespielt, und Nettlau, der die Vorfälle ausführlich schildert, schließt seinen Bericht, es sei unklar, ob die Chemnitzer die von der russischen Regierung auf Bakunins Kopf ausgesetzten 10000 Silberrubel erhalten haben.[75]

Die Verhafteten wurden noch am selben Tag, dem 10. Mai 1849, in einem offenen Wagen ohne Aufenthalt nach Altenburg transportiert und dort dem Kommandanten des preußischen Bataillons übergeben. Unverzüglich ging der Transport nach Dresden weiter, wo inzwischen Waldersees Truppen biwakierten.

«Noch nach 24 Jahren erinnerte sich einer der preußischen Offiziere, der den gefangenen Bakunin auf dem Transport durch Altenburg bewacht hatte, der Unerschütterlichkeit und Ruhe, mit der der gefesselte riesige Mann einen ihn interpellierenden Leutnant darüber belehrt hatte, daß in politischen Dingen nur der Erfolg darüber entscheide, was Großtat und was Verbrechen sei.»[76]

Seine starke persönliche Ausstrahlung, sein «Zauber», schützte Bakunin vor den Mißhandlungen, die andere Gefangene erdulden mußten. Er wurde auf die Festung Königstein gebracht, in Ketten gelegt, und das Fenster seiner Zelle wurde mit Brettern zugenagelt. Doch dann scheint man ihm Erleichterungen gewährt zu haben, denn am 9. Dezember 1849 schrieb er an Reichel, der inzwischen seine Frau verloren hatte: *Ich habe hier fast alles, was man vernünftigerweise wünschen kann, ein wohnliches Zimmer, Bücher, Zigarren, und doch würde ich mich anheischig machen, jahrelang nichts als schwarzes Brot zu essen und in einem Walde zu wohnen, nur um frei zu sein . . . Meine sichersten Freunde bleiben doch die Deutschen* (nachdem er sich über einige Polen beklagt hat); *ist es nicht sonderbar, ein Slawe, ein Russe, findet seine letzten Freunde in Deutschland?*[77]

Und vier Monate später, am 7. April 1850, schreibt er: *Was ist der größte Zweck des Menschenlebens? Die Humanität. Und die kann man ebensowenig außer der Gesellschaft in sich ausbilden, als man außer dem Wasser schwimmen lernen kann. Die Gemeinschaft selbst mit den schlechtesten Menschen ist besser, versittlichender als die Einsamkeit.*[78]

Er beschäftigt sich mit Mathematik, mit Englisch und liest Shakespeare. Schon am 14. Januar 1850 ist er nach endlosen Verhören zum Tod verurteilt worden, wird aber zu lebenslänglichem Kerker begnadigt. Im Mai wird er an Österreich ausgeliefert, das ihn wegen seiner Beteiligung am Prager Aufstand vor Gericht stellen will. In Prag liegt er fast ein Jahr lang im St. Georgs Kloster in Ketten. Er schreibt jetzt keine Briefe mehr. Schließlich wird er, immer inmitten eines Bewachungsdetachements, immer in Ketten, nach Olmütz gebracht, wo er in den Kasematten an die Wand geschmiedet wird. Auch in Österreich wird er zum Galgen verurteilt und dann zu «ewigem Kerker» begnadigt.

In Deutschland und Österreich waren meine Antworten in den Verhören sehr kurz, wird er später erzählen. *Nämlich: Meine Prinzipien kennen Sie, ich habe sie nicht verhehlt und sie laut geäußert; ich wünschte die Einheit des demokratisierten Deutschlands, die Befreiung der Slawen, die Zerstörung aller künstlich zusammengehaltenen Reiche, vor allem die Zerstörung des österreichischen Kaiserreichs. Ich bin mit der Waffe in der Hand ergriffen worden, Sie haben genug Beweismaterial, um mich zu richten. Und ich werde auf keine Frage weiter antworten.*[79]

In Olmütz macht er einen mißglückten Selbstmordversuch, indem er den Phosphor von Zündhölzern sammelt und verschluckt. Nach sechs Monaten, im Oktober 1851, wird er an Rußland ausgeliefert. Der russische Winter hat schon mit Schnee eingesetzt. Bakunin, mit Ketten beladen, wird im Schlitten nach St. Petersburg gebracht und im Alexis-Ravelin der Peter-Pauls-Festung eingekerkert. Die ersten zwei Monate kümmerte man sich nicht um ihn, als habe man ihn vergessen. Dann aber:

Etwa zwei Monate nach meiner Ankunft erschien bei mir der Graf Orlow im Namen des Kaisers: «Der Kaiser hat mich zu Ihnen geschickt und mir aufgetragen, Ihnen folgendes zu sagen: ‹Sage ihm, daß er mir wie ein geistlicher Sohn an seinen geistlichen Vater schreiben soll›, – wollen Sie also schreiben?» Ich dachte etwas nach und überlegte, daß ich vor der Jury, bei öffentlicher Gerichtsverhandlung, meiner Rolle bis zu Ende treu bleiben müßte; aber zwischen vier Wänden, in der Gewalt des Bären, dürfe ich, ohne mich zu schämen, die Formen mildern, und daher ersuchte ich um einen Monat Frist, willigte dann ein und verfaßte in der Tat eine Art Beichte, etwa in der Art von Dichtung und Wahrheit. Meine Handlungen waren übrigens so offen, daß ich nichts zu verhehlen brauchte.

Nachdem ich dem Kaiser in gebührenden Ausdrücken für seine leutselige Aufmerksamkeit gedankt, fügte ich hinzu: «Majestät, Sie wollen, daß ich Ihnen meine Beichte niederschreibe, gut, ich werde sie schreiben, aber Sie wissen doch, daß bei einer Beichte niemand für fremde Sünden Buße tun muß. Nach meinem Schiffbruch blieb mir nur ein Schatz, die Ehre und das Bewußtsein, daß ich niemanden verraten, der mir vertraut hatte, und daher will ich niemanden bei Namen nennen.» . . . Mein Brief, erstens im Bewußtsein meiner scheinbar aussichtslosen Lage und zweitens in Anbetracht des energischen Charakters Nikolais verfaßt, war sehr entschieden und kühn, und darum eben gefiel er ihm. Und wenn ich ihm wirklich für etwas dankbar bin, so ist es dafür, daß er nach Empfang meines Schreibens mir keine Fragen mehr stellte.[80]

Orlow, der Chef der III. Abteilung, das heißt der Geheimpolizei, begleitete Bakunins «Beichte» mit einem Schreiben: «Was aber seinen Wunsch betrifft, statt der Festung ewige Zwangsarbeit zu erhalten, so ist Bakunin ein höchst gefährlicher Mensch, und wie ich glaube, nicht von seiner verkehrten Ansicht völlig geheilt. Mir scheint daher, daß Euere Majestät sich nicht von Ihrem guten Herzen bestimmen lassen sollten,

St. Petersburg: die Peter-Pauls-Festung. Gemälde von Fjodor Alexejew. Eremitage, Leningrad

sein Schicksal endgültig zu entscheiden. Ich würde es aber für möglich halten, ihm aus Gnade mit der Zeit ein besseres Unterkommen in der Festung zu gewähren und ihm die Möglichkeit zu geben, reine Luft zu atmen und später einmal seine Verwandten zu sehen. Keineswegs aber wäre er zu Zwangsarbeit zu verschicken, dort wäre er bei seinem feuerigen und entschlossenen Geist gefährlich und schädlich. Verzeihen Euere Majestät meine Offenheit – es ist meine Pflicht.»[81]

Aus Bakunins «Brief an den Zaren», der erst 1917 bei Öffnung der Archive ans Licht gekommen ist, haben manche Leute ihm einen Vorwurf machen wollen, obwohl er tatsächlich niemanden darin verraten hat, vielmehr versuchte, den Zaren zu belehren. W. Polonski, der erste Herausgeber, nennt die «Beichte» ein «machiavellistisches Meisterstück»[82], denn bei vorgeblicher Reue sagt Bakunin dem Zaren Wahrheiten, wie sie schwerlich ein anderes Mal Nikolaus I. zu Ohren gekommen sind. Da Bakunin zudem darin begeistert zum Beispiel von der Pariser Revolution spricht, mußte er den kaiserlichen Kerkermeister eigentlich noch mehr verhärten.

Trotzdem scheint man ihm schon bald die von Orlow angeregten Erleichterungen gewährt zu haben. Durch Turgenjews Vermittlung bekam er sogar ein Klavier in seine Zelle gestellt; er komponierte einen «Gesang der Okeaniden» zu einer geplanten Oper «Prometheus». Hatte

Zar Nikolaus I. Lithographie von Jentzen nach Krüger

er nicht schon in Dresden zu Wagner geäußert, daß er, auf dem Punkt des Ekels an unserer Zivilisation angekommen, Lust empfunden habe, Musiker zu werden?[83]

Zu Beginn des Krim-Krieges wurde er nach Schlüsselburg transportiert (1853), wo er weitere vier Jahre gefangensaß.

Ich bekam den Mundbrand und alle Zähne fielen mir aus. Schrecklich ist die lebenslängliche Gefangenschaft, das Leben ohne Ziel, ohne Hoffnung, ohne Interesse hinschleppen zu müssen! Sich täglich sagen zu müssen: «Heute bin ich dümmer geworden, und morgen werde ich noch mehr verdummen!» Wegen des schrecklichen Zahnschmerzes, der wochenlang anhielt und wenigstens zweimal im Monat wiederkehrte, konnte ich weder bei Tag noch bei Nacht schlafen, und was ich auch tat, was ich auch las, sogar während des Schlafes wurde ich von einem beunruhigenden Schmerzgefühl in Herz und Leber und von dem sentiment fixe [Zwangsvorstellung] *gepeinigt: ich sei ein Sklave, tot, Kadaver. Doch verlor ich den Mut nicht . . . Ich wünschte nur eines: unversöhnlich und unverändert zu bleiben, ohne zu resignieren . . . Ich wünschte nur eines, bis an mein Ende ganz und voll das heilige Gefühl des Aufruhrs zu bewahren.*[84]

Beim Tode des Zaren hoffte er auf eine Amnestie. Doch der Nachfolger, Alexander II., strich eigenhändig Bakunins Namen aus der ihm vorgelegten Liste. An den Rand der Bittschrift, die der Gefangene ihm einreichte, schrieb er mit Bleistift: «Einen anderen Ausweg als Verschikkung nach Sibirien zur Ansiedlung sehe ich nicht.»[85]

Die Familie Bakunin, die inzwischen mit Michail Verbindung aufnehmen durfte, machte Eingabe über Eingabe. Unter Gefahr für sich selbst und für sie, steckte Bakunin der Schwester einen Kassiber zu: . . . *Das Gefängnis hat wenigstens das eine Gute für mich, daß es mir Muße gab und mich ans Nachdenken gewöhnte. Es hat gleichsam meinen Verstand gestärkt, aber meine früheren Überzeugungen in keiner Weise verändert. Es hat sie vielmehr glühender, entschlossener, bedingungsloser werden lassen, und von jetzt an ist alles, was mir im Leben geblieben ist, in dem einzigen Wort: Freiheit umschlossen.*[86]

Aber Alexander II. schrieb an die Mutter: «Sie sollen wissen, Madame, solange Ihr Sohn leben wird, wird er niemals frei sein können.»[87]

Als mein Bruder Alexis mich nach dieser Antwort besuchte, kamen wir überein, einen Monat noch geduldig zu warten, daß er mir aber nach dieser Frist, falls ich nicht frei würde, Gift bringen werde. Dieser Monat des Wartens verstrich, und man teilte mir mit, daß ich wählen könne zwischen Festungsgefängnis und der Verbannung nach Sibirien. Natürlich fiel meine Wahl auf Sibirien. Und nicht ohne Mühe war es meiner Familie gelungen, mich aus dem Gefängnis zu erlösen. Mit dem Starrsinn eines Widders verwarf der Kaiser alle Bittschriften, die ihm meinetwegen vorgelegt wurden. Einmal kam der Fürst Gortschakow, damals Außenminister, zum Zaren, der bei dem Empfang einen Brief in der Hand hielt (es war der, den ich 1851 an Nikolaus geschrieben hatte) und zu ihm sagte: «Aber ich sehe in diesem Brief nicht die geringste Reue.» Als ob dieser Dummkopf noch Reue erwarten konnte! Endlich verließ ich im März 1857 Schlüsselburg . . . Auf besondere Erlaubnis der kaiserlichen Kanzlei wurde mir gestattet, 24 Stunden lang zum Besuch meiner Brüder aufs Land zu gehen. Im April wurde ich nach Tomsk gebracht, wo ich zwei Jahre lang lebte.[88]

Bakunins Zelle in der Peter-Pauls-Festung

Er kaufte in Tomsk ein kleines Haus. Das plötzliche Gefühl der Freiheit muß ihn ungeheuer berauscht haben, ihn, für den der Umgang mit Menschen, Freundschaft und Geselligkeit ein so vorherrschendes Bedürfnis war. Mit 43 Jahren, die er nun zählte, war seine Gesundheit durch die lange Kerkerhaft schwer erschüttert. Aber seine Vitalität war ungebrochen. Ihm Apathie vorzuwerfen, wie es sein sowjetischer Biograph Polonski tut, weil er sich aufatmend zunächst im privaten Leben einzurichten versuchte, scheint uns von inhumaner Verständnislosigkeit zu zeugen. Die Möglichkeit, in den Zivildienst einzutreten, lehnte Bakunin ab, um nicht «die Kokarde zu tragen».

In Tomsk *machte ich die Bekanntschaft einer reizenden Familie, deren Haupt Xaver Wassiliewitsch Kwiatkowski bei der Verwaltung der Goldbergwerke angestellt war. Die Familie selbst weilte auf dem Lande . . . einen Werst vor der Stadt, wo sie ein kleines Häuschen bewohnte. Ich ging alle Tage hin und erbot mich, als Französisch-Lehrer den Unterricht der beiden Töchter des Hauses zu übernehmen. Nach und nach verknüpfte mich Freundschaft mit der, die meine Frau wurde; ich gewann ihr ganzes Vertrauen und liebte sie schließlich leidenschaftlich. Sie erwiderte mein Gefühl, und wir vereinigten uns. Seit zwei Jahren schon*

Zar Alexander II.

verheiratet, bin ich vollkommen glücklich. Ach, wie süß ist es, für die anderen zu leben, besonders wenn es für eine reizende Frau ist. Ich habe mich ihr völlig hingegeben, und ihrerseits teilt sie mit Herz und Geist alle meine Bestrebungen. Sie ist Polin von Geburt, doch sie hat nicht die katholische Einstellung dieses Landes, und darum ist sie vom politischen Fanatismus frei; eigentlich ist sie slawische Patriotin, schrieb er 1860 in seinem langen Rechenschaftsbericht an Herzen.[89]

Ein für ihn glücklicher Zufall war es, daß der Generalgouverneur von Ost-Sibirien, Murawjew, ein Vetter von ihm, für ihn die Erlaubnis erwirkte, nach Irkutsk überzusiedeln, wo das frisch vermählte Paar im März 1859 eintraf. Michail Bakunin trat in die Dienste der neugegründeten Amur-Kompanie und bereiste in deren Auftrag ganz Transbaikalien. Er verkehrte im Haus des Generalgouverneurs, mit dem er sich anfreundete: *Es ist mir gelungen, auch Murawjew von der Notwendigkeit der Dezentralisation des Reiches, von der Vernünftigkeit und dem Heile einer slawischen föderativen Politik zu überzeugen.*[90] Er hält den Vetter für einen Gesinnungsgenossen und künftigen Reformator Rußlands; er verteidigt ihn in seinem Brief an Herzen, der ihn in seinem «Kolokol» angegriffen hat. *Murawjew-Amurski ist unser nach seinen Gefühlen, Gedanken, allen seinen früheren Handlungen, Streben, Wünschen und festen Absichten . . . ein vollkommener Mensch. Er gehört fest zu uns . . . in ihm liegt Rußlands Zukunft.*[91]

Jean Barrué meint dazu: «Die Begeisterung Bakunins für Murawjew-Amurski ist charakteristisch für die Leichtigkeit, mit der Bakunin sich für jemanden leidenschaftlich einnehmen ließ.»[92] Schon während seiner ersten Pariser Zeit hatte Michail bei anderem Anlaß an August Becker geschrieben: *Meine Liebe zu einem Menschen ist mir der beste Beweis seiner edlen menschlichen Natur; andere Beweise brauche ich nicht.*[93] Er hat den Vetter zweifellos idealisiert, der allerdings oppositionelle Neigungen hegte und sich bald danach lieber ins Privatleben zurückzog, als den Generalgouverneurs-Posten gegen das ihm in St. Petersburg angebotene Ministeramt einzutauschen. Nach dem Weggang seines Gönners dachte Michail Bakunin an eine Flucht nach Westeuropa. Inzwischen hatte er eine Stellung bei dem Goldhändler und Bergwerksbesitzer Bernardaki angenommen und die Hoffnung, nach West-Rußland zurückkehren zu dürfen, aufgegeben. Die Möglichkeit, ins Ausland zu entkommen, bot ihm die Bewegungsfreiheit seiner Reisetätigkeit im Auftrag Bernardakis.

Ein für die innere Entwicklung Rußlands einschneidendes Datum war der 2. März (bzw. 19. Februar) 1861, an dem die Leibeigenschaft aufgehoben wurde, eine halbe Maßnahme, die die Mehrzahl der 47 Millionen Bauern der Proletarisierung auslieferte. Auf dem väterlichen Gut der Bakunins, das Michails Brüder bewirtschafteten (der erblindete Vater war inzwischen gestorben), änderte der kaiserliche Ukas wenig, da der Betrieb dort bereits auf Lohnzahlung umgestellt war.

Am 17. Juni (bzw. 5. Juni) 1861 verließ Michail Irkutsk in «Geschäften». Seine junge Frau reiste zu seiner Mutter; es war verabredet, daß sie in London wieder zu ihm stoßen sollte. Die Freunde im Westen waren über seine Heirat ziemlich erstaunt und scheinen sie sogar mißbilligt zu haben. Und in ihrem Buch «Michail Bakunin und die Anarchie» meint sogar Ricarda Huch noch: «Obwohl ihn diese Verbindung dauernd beglückte, schlug er doch damit den ersten Knoten zu einer tief-tragischen Verwicklung.»[94] Tatsache ist, daß die drei Kinder, die Antonia zur Welt brachte, nicht von Michail stammten, sondern einen anderen Vater hatten, was aber in den damaligen revolutionären Kreisen keine Anomalität war. Wenn Michail Bakunin sich auch nicht ausdrücklich über die «freie Liebe», wie sie von vielen Revolutionären gefordert wurde, geäußert hat, scheint er sie in überlegener Großmut Antonia zugebilligt zu haben. Manche haben bei ihm auf eine Impotenz geschlossen; auch eine homoerotische Komponente hat man bei ihm festzustellen gemeint. Es stimmt, daß er sich immer und gern mit jungen Männern umgab, von denen einige oft fast schwärmerisch an ihm hingen. Er selbst huldigte einem Freundschaftskult, der an gefühlvolle Freundschaften des 18. Jahrhunderts erinnert.

Irkutsk. Stahlstich, Mitte des 19. Jahrhunderts

Übrigens reiste er auch jetzt mit einem Mitstreiter aus Dresden, mit Wilhelm Heine, nachdem er sich auf einem amerikanischen Schiff nach Japan eingeschifft hatte, wo er ihn traf. An gewisse Umstände seiner Flucht erinnerte er sich später nur ungern, da sie ihn zu Täuschungsmanövern gezwungen hatte, die seiner Natur zuwider waren. *Es ist wahr, daß ich mich deswegen schäme; um die Freiheit zu gewinnen, mußte ich Freunde hinters Licht führen.*[95] Von Japan aus fuhren sie zusammen nach San Francisco, Bakunin inkognito; am 3. Oktober (bzw. 15. Oktober) kamen sie an. Michail fand einen Mann, der ihm 250 Dollar lieh, damit er den Zug nach New York nehmen konnte. Er reiste allein weiter. Am 6. November war er dort und traf alte Freunde wieder, darunter Reinhold Solger. Er schiffte sich aber alsbald nach England ein.

Bei der Einreise antwortete er dem Grenzbeamten auf die Frage nach seinem Beruf unumwunden: «Revolutionär». Der Beamte, der an einen Scherz glaubte, meinte: «Genauso habe ich mir einen Revolutionär vorgestellt.» Er sagte es wohl, weil Michail Bakunin schäbig und ohne jede Sorgfalt gekleidet war, eine Gewohnheit, der er von nun an, wohl auch aus pekuniären Gründen, treu blieb.

Am 27. Dezember 1861 traf er in London bei Herzen und Ogarjow ein. Ruge, den er alsbald traf, schrieb an Freiligrath: «Er ist erstaunlich jung

Bruder Alexander (Alexis)

geblieben und hat sich seinen ganzen Humor bewahrt»[96], fand aber, daß sogar seine Stimme sich geändert habe; die lange Gefangenschaft habe seine Gesundheit untergraben, er habe ihn nur an seinen Ideen wiedererkannt.

Seine Ideen waren freilich noch die von 1848/49. In der Isolierung der Gefangenschaft und Verbannung hatte er nicht merken können, daß die Entwicklung in Europa weitergegangen war. So hoffte er auch noch immer auf die freie slawische Föderation.

Bakunin mit seiner Frau Antonia. Irkutsk, 3. Juni 1861

Alexander Herzen hat ein anschauliches Bild von dem siebenundvierzigjährigen, von den Toten auferstandenen Bakunin gegeben:

«Bakunin hatte sich in London kaum umgesehen und eingelebt, das heißt die Bekanntschaft sämtlicher vorhandenen Polen und Russen gemacht, als er sich an die Arbeit begab. Zur Leidenschaft des Predigens und der Agitationen ... vielleicht auch der Demagogie, verbunden mit unaufhörlichen Anstrengungen, Komplotte und Verhandlungen einzufädeln und zu organisieren, Verbindungen anzuknüpfen und ihnen eine ungeheuere Bedeutung beizumessen, tritt bei Bakunin die Bereitschaft, als erster an die Ausführung heranzugehen, die Bereitschaft unterzugehen, der Wagemut, alle Konsequenzen auf sich zu nehmen. Das war eine heroische Natur, der die Geschichte die Mitarbeit verweigert hat. Er verschwendete seine Kräfte manchmal für puren Unsinn; so wie der Löwe im Käfig seine Schritte verschwendet, weil er immerfort meint, herauszukommen. Aber er war kein Rhetor, der Angst hatte vor der Erfüllung seiner Worte oder der Verwirklichung seiner allgemeinen Theorien auswich.

Bakunin besaß viele Mängel. Aber die Mängel waren geringer Art, seine guten Eigenschaften dagegen gewaltig. Ist nicht bereits dieser Zug imposant, daß Bakunin, sobald er vom Schicksal, wohin es auch sei, verschlagen worden war und zwei, drei Wesenszüge seiner Umgebung erfaßt hatte, die revolutionäre Strömung separierte und sich unverzüglich daran machte, sie voranzutreiben und das Feuer anzufachen, indem er die Revolution zu einer leidenschaftlichen Lebensfrage machte?

In London begann er erstens, die ‹Glocke› zu revolutionieren und brachte 1862 gegen uns beinahe dasselbe vor wie 1847 gegen Belinskij. Die bloße Propaganda bedeute wenig, unumgänglich notwendig sei die Umsetzung in die Tat, Zentren und Komitees müßten organisiert werden; es sei nicht genug, ein paar nahe und entfernte Bekannte zu haben, notwendig sei ‹eine Bruderschaft von Eingeweihten und Halbeingeweihten› ... Bakunin fand, daß wir zu gemäßigt seien und nicht verstünden, die bestehende Lage auszunützen, daß wir zu wenig geneigt seien, entschiedene Mittel anzuwenden. Er verzagte übrigens nicht und glaubte, daß er uns in kurzer Zeit auf den rechten Weg bringen würde. In Erwartung unserer Bekehrung gruppierte Bakunin um sich selbst einen Kreis von Slawen. Da waren Tschechen, angefangen bei dem Literaten Fric bis zu einem Musiker ... Serben, die sich einfach nach ihrem Vater – Ioanowitsch, Danilowitsch, Petrowitsch nannten; es gab Walachen, die die Funktion von Slawen versahen ... schließlich waren da ein Bulgare, türkischer Armeearzt, und Polen aller Sprengel ... Demokraten ohne soziale Ideen, aber mit einem Schuß Offiziersblut; katholische Sozialisten, aristokratische Anarchisten und einfach Soldaten, die irgendwo ein

Nikolaj P. Ogarjow und Alexander Herzen

bißchen raufen wollten, in Nord- oder Süd-Amerika, vorzugsweise aber in Polen. Bei ihnen erholte sich Bakunin von neunjährigem Schweigen und von der Einsamkeit. Er debattierte, predigte, traf Anordnungen, schrie, entschied, leitete, organisierte und ermunterte den ganzen Tag, die ganze Nacht, ganze vierundzwanzig Stunden lang. In den kurzen freien Augenblicken stürzte er an seinen Schreibtisch, säuberte eine wenig umfangreiche Stelle von der Asche und begann zu schreiben – fünf, zehn, fünfzehn Briefe nach Semipaltinsk und Arad, nach Belgrad und Zargrad, nach Bessarabien, in die Moldau und nach Belokriniza. Mitten im Schreiben warf er die Feder hin und rief irgendeinen zurückgebliebenen Dalmatiner zur Ordnung . . . sodann, ohne seine Rede beendet zu haben, griff er wieder zur Feder und fuhr fort zu schreiben, was ihm dadurch erleichtert wurde, daß er stets von dem schrieb, wovon er auch sprach. Seine Tätigkeit, sein Müßiggang, sein Appetit und alles andere, wie sein gigantischer Wuchs und sein ständiges Schwitzen – das alles war ebensowenig wie er selbst von menschlichen Ausmaßen; und er selbst war ein Riese mit einem Löwenkopf, mit einer zerzausten Mähne.

Mit fünfzig Jahren war er noch ganz und gar der nomadisierende Student von der Marossejka-Straße, derselbe obdachlose Bohème von der Rue de Bourgogne; unbekümmert um den nächsten Tag und das Geld gering einschätzend: Wenn er welches hatte, verschwendete er es nach rechts und links, wenn er keins hatte, lieh er es sich mit jener Selbstverständlichkeit, mit der Kinder es von ihren Eltern entgegennehmen – unbesorgt um die Rückgabe, mit jener Naivität, mit der er selbst bereit war, einem jeden sein letztes Geld zu geben, nachdem er sich die nötige Summe für Zigaretten und Tee beiseite gelegt hatte. Diese Lebensweise bedrückte ihn nicht; er war zum großen Vagabunden geboren, zum großen Obdachlosen. Wenn jemand ihn ernstlich hätte fragen wollen, was er vom Recht auf Eigentum halte, hätte er dasselbe sagen können, was Lalande Napoleon auf die Frage nach Gott geantwortet hatte: ‹Sire, es ist bei meiner Arbeit noch niemals vorgekommen, daß ich diese Hypothese gebraucht hätte!›

In ihm war etwas Kindliches, Argloses und Schlichtes, und das verlieh ihm einen ungewöhnlichen Charme; der die Schwachen wie die Starken anzog, nur kleinliche Spießbürger fühlten sich davon abgestoßen.

Daß er es zu einer Heirat gebracht hatte, kann ich mir nur aus der sibirischen Langeweile erklären. Wie ein Heiligtum bewahrte er alle Gewohnheiten und Bräuche der ‹Heimat›, d. h. des Studentenlebens in Moskau; Haufen von Tabak lagen auf dem Tisch, gewissermaßen vorsorglich als Fourage, unter den Papieren und nicht ausgetrunkenen Teegläsern lag Zigarrenasche . . . vom frühen Morgen an zog der Rauch in dicken Schwaden durch das Zimmer, es war, als sei ein ganzer Chor von Rauchern am Werk, die wie um die Wette rauchten, eilig keuchend, den Rauch einziehend, mit einem Wort so, wie einzig und allein Russen

London: der Tower, 1844

und Slawen rauchen. Oft habe ich mich an der Verwunderung des Stubenmädchens Grace ergötzt, wenn sie verwirrt und mit einem gewissen Entsetzen mitten in der Nacht bereits zum fünftenmal die volle Zuckerdose und heißes Wasser in diese Werkstatt der slawischen Befreiung hineintrug.

Lange nachdem Bakunin aus London – Nr. 10 Paddington green – abgereist war, erzählte man sich noch von seinem Leben und Treiben, das sich über alle von englischen Spießbürgern hochgehaltenen Begriffe und in geradezu religiöser Weise von ihnen gehüteten Maßstäbe und Formen hinweggesetzt hatte. Beachten Sie dabei, daß das Stubenmädchen und die Wirtin ihn abgöttisch liebten.»[97]

Alexander Herzen unterstützte ihn und veranlaßte auch Turgenjew, zu Bakunins Lebensunterhalt beizutragen. Doch Bakunins «Leichtsinn und Geschwätzigkeit» führten zum Bruch mit Turgenjew, der ihm in Notlagen aber auch weiterhin half, ohne daß Bakunin immer ahnte, wer der anonyme Wohltäter war. Daß er seine Frau nach London nachkommen lassen wollte, hielten die Freunde für verfrüht. Turgenjew schrieb am 11. Februar 1862 an Herzen: «Ich bitte Dich, rede ihm aus, jetzt seine Frau kommen zu lassen, es wäre wirklich eine Verrücktheit. Er muß erst Zeit haben, sich ein wenig zu orientieren.»[98]

In London machte Bakunin auch Bekanntschaft mit Giuseppe Mazzini, mit dem ihn eine durch politische Meinungsverschiedenheiten von gro-

Giuseppe Mazzini

ßer Tragweite nicht getrübte Freundschaft verbinden sollte. Vielleicht war es Mazzini, gleich ihm selbst Revolutionär aus Temperament, der seine konkrete Aufmerksamkeit auf Italien lenkte, das ein so weites Betätigungsfeld für ihn werden sollte.

Zunächst aber galt seine fieberhafte Tätigkeit noch immer vor allem den slawischen Problemen. Herzen schrieb im Herbst 1862: «Bakunin verjüngte sich geradezu. Er war in seiner Sphäre. Nicht nur das Grollen des Aufruhrs, der Lärm der Clubs, der Tumult auf den Straßen und Plätzen oder die Barrikaden machten ihn glücklich; er liebte ebenso sehr auch die Bewegtheit des Vorabends, die Vorbereitung, das bewegte und gleichzeitig verhaltene Leben der Konferenzen, die Nächte ohne Schlaf, das Verhandeln und die Besprechungen, die Rectifizierungen, die sympathetische Tinte, die Chiffren und vorher abgesprochenen Zeichen ... Bakunin hielt den zweiten Monat der Schwangerschaft für den neunten.»[99]

Neben der konspirativ-organisierenden Tätigkeit machte er sich auch wieder an das Abfassen von Schriften, arbeitete übrigens auch an Herzens «Kolokol» mit. Mitte Februar verfaßte er die Broschüre *An meine russischen und polnischen Freunde,* in der er die Gedanken seiner Polen-Rede aus dem Jahre 1847 wieder aufgriff; er begrüßte darin aber auch die italienische Insurrektion gegen Österreich und erhoffte den baldigen Zusammenbruch des zaristischen Regimes in Rußland. Im Sommer schrieb er zwei weitere Broschüren, mit denen er nach Rußland hineinwirkte: *Die Sache des Volkes* und *Romanow, Pugatschow oder Pestel?*

(Romanow: nämlich der Zar; Pugatschow: der Bauernrebell aus dem 18. Jahrhundert; Pestel: der Führer des Dekabristen-Aufstands); beide Schriften erschienen im September 1862. Es findet sich darin die Aufforderung, «ins Volk zu gehen», nicht um es zu belehren, sondern um ihm den Weg in die Freiheit zu bahnen. Die Bauernbevölkerung ist für ihn der eigentlich revolutionäre Faktor, und sogar die russischen Räuber sind in seinen Augen ein spontaner Protest gegen den despotischen Staat. Sein Aufruf, «ins Volk zu gehen», sollte bei der russischen Jugend alsbald ein positives Echo finden.

In Rußland selbst regten sich oppositionelle Kräfte. Ende 1861 hatte sich die Organisation «Boden und Freiheit» gebildet (eine Parole, die sich auch in Bakunins Schriften aus dieser Zeit findet). Die Organisation, die sich aus Intellektuellenkreisen rekrutierte, setzte sich das Ziel, politische Freiheiten zu erobern, Rußland auf föderativer Basis «umzustrukturieren», wie man heute sagen würde, und den Bauern mehr Land zu geben, denn die Zuteilung bei Aufhebung der Leibeigenschaft reichte nicht aus, den Lebensunterhalt der neuen Kleineigentümer zu garantieren. Auch in Russisch-Polen hatte der nationale Widerstand zugenommen; es kam daher zu Massenverhaftungen. Zu Beginn des Jahres 1863 griff die russische Regierung zu dem erprobten Mittel, junge polnische Jahrgänge zum Militär einzuziehen, um unruhige Kräfte unschädlich zu machen. Es löste jedoch den Aufstand unter Führung eines heimlichen nationalen Zentralkomitees aus, das sich zur provisorischen polnischen Regierung erklärte. Schon im Herbst hatte es seine Fäden nach London auch zu Herzen, Ogarjow und Bakunin gesponnen, die ihrerseits Verbindung zur Organisation «Boden und Freiheit» aufgenommen hatten.

Bakunin war überzeugt, der Aufstand in Warschau werde in Rußland die Revolution entfachen, und von ihm mitgerissen hatte auch Herzen die russischen Offiziere aufgerufen, die Waffen niederzulegen und sich mit den aufständischen Polen zu solidarisieren, beurteilte die Lage aber bald nüchterner. Bakunin rüstete eine Expedition aus, um den Polen zu Hilfe zu kommen. Mit Lapinski zusammen schiffte er sich mit hundert polnischen Freiwilligen auf einem eigens geheuerten Schiff ein. Bereits an Bord kam es zu Reibereien, weil der antirussische Nationalismus der Polen sich auch gegen Bakunin Luft machte. Zudem weigerte sich der englische Kapitän aus Furcht vor der russischen Flotte in der Ostsee weiterzufahren. Es kam sogar die Vermutung auf, daß er im Einverständnis mit der russischen Regierung stünde. Jedenfalls brachte er die so glänzend erdachte Expedition nur bis Kopenhagen, von wo Bakunin und Lapinski mit dänischer Mannschaft nach Malmö in Schweden weiterfuhren. Hier kam es zu Zwistigkeiten mit Herzens Sohn, unter anderem weil Bakunin aus propagandistischen Gründen den Polen das Bild einer revolutionären Situation in Rußland ausmalte, das der Wirklichkeit keineswegs entsprach. Auch die Londoner Freunde machten ihm Vorhaltungen; demütig erwiderte er in einem Brief an Herzen und Ogarjow vom 9. April 1863: *Obwohl ich oft mit euch diskutiere und manchmal euere Ideen bekämpfe, bleibt ihr doch immer meine höchsten Ratgeber, meine Festung, und wenn ihr zufrieden mit mir seid, bin ich es auch mit mir selbst. Dann gibt es nichts auf der Welt, das mich beunruhigen kann.*[100]

Inzwischen war seine Frau in London eingetroffen, und so schrieb er an Ogarjows Frau: *Ich zähle vor allem auf Sie. Vergessen Sie nicht, daß sie jung, zärtlich und stolz ist, und daß sie Zärtlichkeit braucht.*[101]

Nach dem Scheitern seiner Pläne kehrte er schließlich selbst nach London zurück. Die Polen wollten ihre eigene nationale Revolution machen, nicht die soziale, sich auf die Bauernschaft stützende, die Bakunin sich erträumte. Gegen Ende des Sommers war der polnische Aufstand zudem niedergeschlagen und zog Polizeiterror nach sich.

Für Bakunin war 1863 ein unruhiges Jahr; er war viel auf Reisen. Er besuchte in Bern die Vogts und sah hier auch Reichel wieder, der in Bern als Musikdirektor angestellt war. Auf seiten der Londoner Freunde herrschte noch immer eine gewisse Verstimmung. Herzen machte ihm am 1. September 1863 wiederum Vorwürfe: er sei «wenig skrupulös hinsichtlich des Geldes und mit epikuräischen Neigungen, die sich zwar nur schüchtern, aber desto beharrlicher zeigen»[102]. Damit stimmt überein, was die Brüder Goncourt berichten: Alexander Herzen habe ihnen die Ankunft Bakunins in London geschildert; nach der Umarmung sei sein erstes Wort gewesen: «Gibt es hier Austern?»[103] Für Bakunin hatte der Begriff «revolutionär» nicht den asketischen Beigeschmack, den ihm so viele auch unter den Anarchisten beilegen. Doch das «Epikuräische» war der geringste Vorwurf, den Ogarjow und Herzen ihm machten; vor allem hielten sie ihm vor, daß er zu vertrauensselig und zu leicht beeinflußbar sei: «Überdenke die ganze Reihe Deiner Beziehungen. Dank Deiner natürlichen Gutmütigkeit wirst Du darin immer mehr Intimität als nötig finden; und dann ärgerst Du Dich selbst über die Intimität, ob Du Grund hast, Dich zu ärgern oder nicht. Auf jeden Fall ist es immer zu spät.»[104] Doch die Freunde müssen ihm auch bescheinigen: «Du stellst ein Naturelement dar; Erz würdest Du zerbrechen: wer ist es, der Dich aufzuhalten wagte?»[105]

Ende Januar 1864 siedelt er nach Florenz über, wo auch seine Frau wieder zu ihm stößt. Hier gründet er schon bald abermals eine Geheimgesellschaft, die «Allianz der sozialen Demokratie», oder auch «Internationale Bruderschaft», die sich zunächst nur aus radikalen Italienern zusammensetzt, ehe sie auch Mitglieder aus anderen Nationalitäten gewinnt.

Im Sommer reiste Bakunin noch einmal nach Schweden und kehrte über London, Brüssel und Paris nach Florenz zurück. In London traf er

1863

diesmal mit Marx zusammen, der an Engels über ihn schrieb: «Er ist einer der seltenen Männer, bei denen ich finde, daß sie nach sechzehn Jahren [so lange war ihr letztes Zusammentreffen her] vorwärts geschritten sind und nicht zurück.»[106]

Bakunin blieb in Florenz bis zum Sommer 1865. Kräftige Hilfe, auch finanzieller Art, fand er hier bei einem Florentiner Revolutionär, dem Bäcker Dolfi, der ihn auch in die Freimaurerloge einführte. Bakunin versuchte umsonst, ihr neuen revolutionären Geist einzuflößen. Wenn er große Hoffnungen auf das Risorgimento gesetzt hatte, so sah er sich jetzt enttäuscht. Er erkannte, daß es sich um eine bürgerliche Revolutionsbewegung handelte, deren Programm Zentralisierung und Industrialisierung war. Aber den Volkshelden Garibaldi suchte er in Caprera auf.

Ein junger Italiener, Angelo de' Gubernatis, war von Bakunins Persönlichkeit so fasziniert, daß er auf eine Professur verzichtete, um sich gänzlich der Organisierung der «Internationalen Bruderschaft» zu widmen; er heiratete eine Kusine der Bakunins. Da die anderen «Brüder» ihm aber nicht den heiligen Eifer zu haben schienen, der ihn selbst beseelte, drang er darauf, den Bund überhaupt wieder aufzulösen. Auch anderes mißfiel ihm, zum Beispiel hielt er die Chiffrierungen, deren Bakunin sich immer so gern bediente, für eitle Spielerei, und gar die Gelder einer Sammlung «für die armen Polen» meinte er in zweckfremden Kanälen verschwinden zu sehen.

Im Sommer 1865 begaben sich die Bakunins nach Sorrent und ließen sich dann in Neapel nieder. Michail hatte inzwischen Italienisch gelernt, das er aber nie so gut beherrschte wie Französisch. Hier machte er sich von neuem an den Aufbau seiner «Allianz», die ein Vorläufer der später von ihm gegründeten «Internationalen Allianz der revolutionären Sozialisten» wurde. Dem neapolitanischen Geheimbund gehörten unter anderem junge Männer an, die Bakunins Ideen in die Welt hinaustragen sollten: Fanelli, Francia, Costa, Malatesta. Diese «Internationale Bruderschaft» entstand im selben Jahr wie die «Internationale Arbeiter-Assoziation», meist kurz «Internationale» genannt, deren von Marx verfaßte Inauguraladresse Bakunin übrigens ins Italienische übersetzen ließ. Darauf, daß seine Allianz in Italien und Spanien der wirtschaftlichen Entwicklung der beiden industriell noch unterentwickelten Länder besser entsprach als die mit dem Klassenbewußtsein eines Industrieproletariats rechnende «Assoziation» von Karl Marx, darauf weist Brupbacher, selbst Marxist, in seiner Bakunin-Biographie hin, und in seinem Kommentar dazu führt Barrué aus: «Nicht zufällig hatte Bakunin Italien gewählt. Es gab in Italien die arbeitslosen, deklassierten Intellektuellen, die Masse der landlosen, armen Bauern, das Elendsproletariat, nach Bakunin lauter wesentliche Faktoren der Revolution.»[107]

Über das Ziel seiner Allianz schrieb Bakunin: *Da sie zu dem Zweck*

Giuseppe Garibaldi. Lithographie von L. Chapuis

gegründet wurde, den Sozialismus gegen den religiösen und politischen Dogmatismus Mazzinis zu verteidigen, hat die Allianz folgende Punkte in ihr Programm aufgenommen: den Atheismus, die Verneinung jeder Autorität und jeder Machtausübung, die Unterdrückung des juristischen Rechts, die Abschaffung des Bourgeois-Geistes, der im Staat den Platz der menschlichen Freiheit besetzt hält. Die Allianz erklärt die Arbeit zur Grundlage der Gesellschaft und fordert, von unten nach oben die freie Föderierung herzustellen.[108]

In Neapel verfaßte Bakunin eine Reihe von Schriften, die nun schon sein vollkommen ausgebildetes soziales und libertäres Programm wiedergeben, namentlich ein ins einzelne gehendes Statut («Organisation») und eine umfangreiche Zusammenstellung seiner Grundprinzipien, *Revolutionärer Katechismus* genannt (nicht zu verwechseln mit dem später gemeinsam mit Sergej G. Netschajew verfaßten *Katechismus des Revolutionärs*, von dem noch die Rede sein wird). Beide neapolitanischen Manuskripte hat Bakunin in Französisch geschrieben.

Den *Katechismus* von 1865/66 hat man mit Recht zu den radikalsten politisch-sozialökonomischen und humanitären Utopien der Weltliteratur gezählt.[109] «Seine Originalität ist nicht nur sein sozialistischer und internationalistischer Gehalt, sondern auch und vor allem sein libertärer Geist» (Daniel Guérin)[110]. Die neapolitanischen Schriften Bakunins, die zum Teil Gedanken Proudhons aufgreifen, wurden zur Wurzel jeder weiteren Entwicklung des Anarchismus.

Die Freiheit ist das absolute Recht aller erwachsenen Männer und Frauen, für ihre Handlungen keine andere Bewilligung zu suchen, als die

Neapel mit Vesuv. Stich, um 1850

ihres eigenen Gewissens und ihrer eigenen Vernunft, nur durch ihren eigenen Willen zu ihren Handlungen bestimmt zu werden, und folglich nur verantwortlich zu sein zunächst ihnen selbst gegenüber, dann gegenüber der Gesellschaft, der sie angehören, aber nur insoweit, als sie ihre freie Zustimmung geben, ihr anzugehören . . . Der Mensch ist nur unter in gleicher Weise freien Menschen wirklich frei . . . Die Freiheit eines Jeden kann also nur in der Gleichheit Aller verwirklicht werden . . . Absoluter Ausschluß jedes Prinzips von Autorität und Staatsraison . . . Die politische und ökonomische Organisation des sozialen Lebens darf folglich nicht mehr wie heute von oben nach unten und vom Mittelpunkt zum Umkreis ausgehen, nach dem Prinzip der Einheit und der erzwungenen Zentralisation, sondern von unten nach oben und von der Peripherie zum Zentrum nach dem Prinzip der freien Assoziation und Föderation . . . Abschaffung der Klassen, Rangstufen, Privilegien und Unterschiede aller Art. Absolute Gleichheit der politischen Rechte . . . Unmittelbare und direkte Wahl aller öffentlichen, gerichtlichen und zivilen Funktionäre . . .[111] Unter den «Individuellen Rechten» wird unter anderem aufgeführt: *Die Freiheit jedes mündigen Individuums, Mann oder Frau, muß absolut und vollständig sein; Freiheit, zu gehen und zu kommen, laut jede Meinung auszusprechen, faul oder fleißig, unmoralisch oder moralisch zu sein, mit einem Wort: über die eigene Person und den eigenen Besitz nach Belieben zu verfügen, ohne jemandem Rechenschaft abzulegen: Freiheit, ehrlich zu leben durch eigene Arbeit oder durch schimpfliche Ausbeutung der Wohltätigkeit oder des privaten Vertrauens, sobald beide freiwillig sind und nur von Erwachsenen gespendet werden ... Die Freiheit kann und soll sich nur durch die Freiheit verteidigen, und es ist ein gefährlicher Widersinn, sie zu beeinträchtigen unter dem durch den Schein blendenden Vorwand, sie zu beschützen ... Jedoch soll die Gesellschaft nicht völlig waffenlos bleiben gegen schmarotzende, bösartige und schädliche Personen. Da die Arbeit die Grundlage aller politischen Rechte sein soll, so kann die Gesellschaft ... diese Rechte großjährigen Personen entziehen, die, ohne invalid, krank oder alt zu sein, auf Kosten öffentlicher oder privater Wohltätigkeit leben, mit der Verpflichtung der Wiedereinsetzung in diese Rechte, sobald sie wieder von ihrer eigenen Arbeit zu leben beginnen ... Absolute Abschaffung aller entwürdigenden und grausamen Strafen, körperlicher Züchtigung und der Todesstrafe. Abschaffung aller Strafen von unbestimmter oder zu langer Dauer, die keine Hoffnung, keine wirkliche Möglichkeit der Rehabilitierung zulassen, da das Verbrechen als Krankheit angesehen werden muß und die Bestrafung eher als eine Heilung statt als eine Gegenforderung der Gesellschaft.*[112]

Die politische Organisation beruht auf der autonomen Gemeinde. Keine Macht hat das Recht, sich in ihr inneres Leben einzumischen. Die Provinz ist die freie Föderation der autonomen Gemeinden, die Nation eine Föderation autonomer Provinzen. Die internationale Föderation wird alle auf den gleichen Grundlagen vereinigten Nationen umfassen. Abschaffung der Grenzen, Pässe und Zölle. Keine stehenden Heere mehr. Abschaffung des Erbrechts. Grund und Boden mit allem natürlichen Reichtum sind das Eigentum aller, sollen aber im Besitz nur derer sein, die sie bebauen. Gleichberechtigung der Frau in jeder Beziehung, *da sie zwar vom Mann verschieden ist, aber ihm nicht nachsteht, intelligent, arbeitssam und frei wie der Mann*[113].

Um die Neuorganisierung der Gesellschaft nach solch libertären Prinzipien zu erreichen, muß es zur internationalen Revolution kommen: *Keine Revolution in irgendeinem Land wird heutzutage Erfolg haben, wenn sie nicht gleichzeitig eine politische und soziale Revolution ist ... Die Revolution muß nicht nur für das Volk, sondern durch das Volk gemacht werden ... In den ersten Tagen wird sie wohl blutig und rachgierig sein können, wenn die Volksjustiz sich vollzieht. Aber diesen Charakter wird sie nicht lange beibehalten und niemals wird sie den eines systematischen, kalt ausgeübten Terrorismus annehmen. Sie wird Krieg gegen Positionen und Dinge sehr viel mehr als gegen Menschen führen, weil sie weiß, daß die privilegierten und antisozialen Dinge und Positionen mächtiger sind als die Individuen und daß sie den Charakter und die Stärke ihrer Feinde darstellen ... Ordnung und Einheit – als*

Produkte der Gewalt und des Despotismus zerstört – werden aus der Freiheit selbst wieder hervorgehen.[114]

Das Ziel der Allianz und ihres Kerns, des Bundes der internationalen Brüder, ist nicht Diktatur, vielmehr sollen sie *inmitten der Volksanarchie, die das eigentliche Leben ... der Revolution bilden wird, die Einheit des revolutionären Gedankens und der revolutionären Aktion* garantieren.[115]

Man hat Bakunin das «Verspielte» seiner Geheimgesellschaften vorgeworfen, die sich zwar durch seine persönliche Vorliebe für solche Formen des Konspirierens, aber auch durchaus durch das von den Carbonari und den anderen Geheimbünden vorbereitete Klima im Risorgimento erklären lassen. Und Nettlau kann darauf hinweisen, nicht nach ihnen dürfe man den Wert der Leitidee Bakunins beurteilen; die wirkliche Ausdehnung der libertären Internationale in Italien, Spanien, Südfrankreich und der romanischen Schweiz erlaube ein sehr viel angemesseneres Urteil.[116]

Aus London kamen wieder neue Ermahnungen, wie Bakunins Antwort an Herzen und Ogarjow vom 19. Juli 1866 (aus Ischia) beweist: *Ihr werft mir Untätigkeit vor und das in einem Augenblick, wo ich im Gegenteil aktiver bin als je. Ich meine damit in den letzten drei Jahren, während deren mein einziges Streben war, eine internationale und revolutionäre Geheimgesellschaft zu organisieren ... Aber nach mühsamer dreijähriger fortgesetzter Arbeit ist es mir gelungen, praktische Resultate zu erzielen. Zur Zeit haben wir Anhänger in Schweden, Norwegen, Dänemark, England, Belgien, Frankreich, Spanien und Italien. Wir haben auch polnische Freunde und zählen sogar ein paar Russen zu uns. Die Meisten aus der mazzinischen Organisation in Süd-Italien, der Falangia sacra, sind zu uns gekommen.*[117]

Im September 1867 wurde nach Genf ein Kongreß der «Liga für Frieden und Freiheit» einberufen, an dem eine große Reihe freiheitlich-liberaler, radikaler und republikanischer Männer teilnahm. Bakunin sah eine Gelegenheit, sein Programm in der Öffentlichkeit vor einem großen Forum zu verkünden und nahm die Einladung an; am ersten Tag wurde er zum Mitglied des Generalrats gewählt. Er versäumte es nicht, die Versammlung auf die Internationale Arbeiter-Assoziation hinzuweisen, obwohl Marx für sich und seine Organisation die Teilnahme am Kongreß abgelehnt hatte. In Briefen aus jener Zeit redet Bakunin ihn mit *carissimo amico* an, und im Juli 1868 trat er als Mitglied der Genfer «Section Centrale» selbst der Internationale bei.

Seine Erscheinung auf dem Kongreß der Liga schildert ein Augenzeuge, der russische Journalist Wyrubow: «Ich erinnere mich an sein eindrucksvolles Auftreten auf der ersten Sitzung des Genfer Kongresses. Als er, wie immer mit großer Nachlässigkeit gekleidet, in einer grauen Bluse, die über der Flanellweste und dem Hemd offenstand, mit dem schweren

Schritt eines Bauern die Stufen der Tribüne hinaufstieg, erhob sich der Ruf: Bakunin! Bakunin! Garibaldi verließ den Präsidentenstuhl, ging ihm entgegen und umarmte ihn. Zahlreiche Gegner Bakunins befanden sich im Saal, doch alle sprangen auf, und ein langer Applaus bewies die allgemeine Begeisterung.»[118]

Zu einer Auseinandersetzung mit der Liga kam es im Jahr darauf. Den Herbst 1867, den Winter und den Sommer 1868 verbrachten die Bakunins am Genfer See bei Vevey im Haus Jukowski, in der Nachbarschaft der Fürstin Sonja S. Obolenski, einer Gönnerin, die sie seit Florenz kannten. Bakunin schrieb von ihr: *Sie gehört zu jenen seltenen Frauen in Rußland, die nicht nur mit Herz und Geist, sondern auch mit Willenskraft und, wenn's gilt, mit Taten mit uns sympathisieren.*[119] Nikolaj I. Jukowski war Hauslehrer der Kinder, die der Fürst Alexej P. Obolenski, Zivilgouverneur von Moskau, allerdings im Laufe des Jahres mit Hilfe der Schweizer Behörden seiner Frau fortnehmen ließ.

In den Jahren 1867 und 1868 verfaßte Bakunin die Schriften *Föderalismus, Sozialismus, Antitheologismus,* ursprünglich als Motion für den

Genf. Stich, um 1860

Genfer Kongreß gedacht, und das *Programm der russischen sozialistischen Demokratie*, das er vor dem zweiten Kongreß der Liga veröffentlichte. Dieser zweite Kongreß trat Ende September 1868 in Bern zusammen. Wiederum machte Bakunins Auftreten großen Eindruck; er war bereits zu einer Art legendärer Gestalt geworden. Ein Schweizer Familienblatt für Haus und Heim mit dem Titel «Alpenrosen» gab von ihm folgende Schilderung: «Wenn er mit seiner über sechs Fuß hohen Riesengestalt, mit seinen breiten Schultern, die ganze Versammlung um Haupteslänge überragend, die Tribüne besteigt; wenn sein Gebrüll ertönt, das wie Donner über die Versammlung hinrollt, dann hängen alle Blicke an diesem stolzen Kämpfer der Revolution, der vielleicht nicht mehr im Vollbesitz seiner Kraft und Schönheit ist, auf dessen Zügen aber die Majestät des Leidens und des Unglücks eingegraben ist.»[120]

Im Juni bereits hatte er durch das Komitee der Liga in die Prinzipienerklärung folgenden Abschnitt aufnehmen lassen: *Die Liga stellt fest, daß das gegenwärtige Wirtschaftssystem von Grund auf verändert werden muß, wenn wir zu einer gerechten Verteilung der Reichtümer, der Arbeit, der Muße, des Unterrichts als wesentliche Voraussetzung zur Befreiung der Arbeiterklassen und zur Abschaffung des Proletariats gelangen wollen.*[121] Auf dem Kongreß selbst versuchte er eine atheistische und sozialistische Resolution durchzusetzen, in der es unter anderem hieß: *Überzeugt . . . daß die Freiheit ohne den Sozialismus Privilegien und Ungerechtigkeit bedeutet, und daß Sozialismus ohne Freiheit Sklaverei und Brutalität bedeutet, proklamiert die Liga laut die Notwendigkeit sozialer und wirtschaftlicher Reformen.*[122] Von der Tribüne herab bekannte er: *Ich hasse den Kommunismus, weil er die Verneinung der Freiheit ist, und ohne die Freiheit kann ich nichts Menschliches denken. Ich bin darum kein Kommunist, weil der Kommunismus alle Kräfte der Gesellschaft im Staat konzentriert und vom Staate absorbieren läßt, weil er notwendigerweise zur Zentralisierung des Eigentums in den Händen des Staates führt.*[123] Er nannte sich einen Kollektivisten.

Für die Durchsetzung seines Antrags kämpfte er wie ein Löwe. «Dröhnende Worte, Ausrufe, Gedonner, Gebrüll, ein entfesselter Orkan, geballte Blitze, etwas Elementares und Glühendes, das war seine Rede; er war der große Tribun . . . Die Revolution war sein natürliches Klima. Seine Rede hinterließ tiefen Eindruck: hätte er seinen Zuhörern befohlen, sich gegenseitig abzuschlachten, hätten sie es zweifellos getan»[124], meint ein Augenzeuge. Mit seiner Resolution aber drang Bakunin auf dem Berner Kongreß nicht durch. Sie wurde mit 180 gegen 30 Stimmen abgelehnt. Zur Minderheit der 30 Befürworter gehörten Élie und Élisée Reclus, Fanelli und Jukowski. Alle 30 traten daraufhin, ebenso wie Bakunin selbst, aus der «Liga für Frieden und Freiheit» aus. Sie gründeten die «Alliance Internationale de la democratie socialiste», eine Neufassung der bisherigen Bakuninschen Allianz. Sie war eine öffentliche

Vom Geld ist die Rede, von wem noch?

«Wir sind Sozialisten . . .

... das heißt, wir sind Feinde des Privateigentums», sagte Pawel Wlassow in seiner Verteidigungsrede vor Gericht, in einem berühmten Roman des Mannes, von dem hier die Rede sein wird.

Der Mann wurde in einer Stadt geboren, die noch zu seinen Lebzeiten ihm zu Ehren umbenannt wurde. Sein Vater, ein Polsterer, starb, als der Junge fünf war. Die Mutter heiratete wieder, und der kleine Alexej M. Peschkow wuchs bei seinem Großvater auf, einem Färber, dem es nicht gerade gut ging. Schon als Neunjähriger mußte der Junge für seinen Lebensunterhalt arbeiten, und er zog nun fünfzehn Jahre kreuz und quer durchs Land, dauernd auf der Suche nach Arbeit. In seiner Freizeit verschlang er die Bücher, deren er habhaft werden konnte, und eignete sich selbst die nötige Bildung an. Früh schon begann er, selber zu schreiben. In Tiflis schließlich, wo er in den Werkstätten der Eisenbahn arbeitete, gelang es ihm, eine Kurzgeschichte im Lokalblatt unterzubringen, unter dem Pseudonym, unter dem er später weltberühmt wurde. Er sattelte um auf Journalist, schrieb weiter Prosa, und nach einiger Zeit nahm eine führende Zeitschrift seines Landes eine Kurzgeschichte des 27jährigen an. Der Erfolg war beispiellos. Die Kritiker stellten den jungen Autor an die Seite Tolstois. Der Ruhm drang über die Grenzen; bald wurde er in aller Welt gefeiert. Ein Drama des 35jährigen lief allein in Berlin fast zwei Jahre über die Bühne. Reisen führten ihn nun nach Frankreich, England, Italien und in die USA.

Später, im Alter von 52, mußte er seine Heimat erneut verlassen, aus gesundheitlichen Gründen. Über Deutschland und die Schweiz reiste er nach Italien, wo er in Sorrent lebte. Sieben Jahre später kehrte er in die Heimat zurück, enthusiastisch gefeiert, öffentlich geehrt, und lebte noch acht Jahre, ehe er an den Folgen eines Mordanschlags starb. Von wem war die Rede?

(Alphabetische Lösung: 7–15–18–11–9)

Pfandbrief und Kommunalobligation

Meistgekaufte deutsche Wertpapiere - hoher Zinsertrag - bei allen Banken und Sparkassen

Verbriefte Sicherheit

Organisation, hatte aber wiederum als innersten Kern die Geheimgesellschaft der «Fraternité Internationale». Doch schon im Januar 1869 löste sich dieser Geheimbund auf, womit Bakunin selbst keineswegs einverstanden war. Barrué zieht daraus den einleuchtenden Schluß, «daß Bakunin keineswegs die diktatorische Gewalt darüber ausübte»[125], die seine Gegner ihm nachsagten. Das Programm der Allianz für die sozialistische Demokratie war libertär, kollektivistisch und internationalistisch. Beim Austritt aus der Liga aber forderte Bakunin seine politischen Freunde auf, auch der Internationalen Arbeiter-Assoziation beizutreten. Sie bildeten innerhalb der Internationale etwas wie eine Fraktion, was zum Zusammenstoß mit Marx führen sollte, obwohl Bakunin selbst am 22. Juni 1869 die Allianz als Zentralverband auflöste, damit die einzelnen Sektionen Glieder der Internationale bleiben konnten.

Von 1868 an wohnte Bakunin in Genf. Lebhaften Auftrieb erhielten alsbald Propaganda und Organisation. Eine Reise des italienischen Sozialisten Giuseppe Fanelli führte zur Gründung von internationalen Sektionen in Madrid und Barcelona. In Spanien war die Revolution ausgebrochen, die der Königin Isabella II. den Thron kostete. Bakunin hatte sofort seinen Schüler hingeschickt, dort für die Internationale zu werben. Und obwohl Fanelli kein Spanisch sprach, gelang es ihm, seine Zuhörer zu packen und Anhänger zu gewinnen. «Er sprach französisch und italienisch, aber wir konnten seine ausdrucksvolle Mimik verstehen und seiner Rede folgen», berichtet einer der Geworbenen, der Setzer Anselmo Lorenzo.[126]

Die Sektionen der französischen Schweiz vereinigten sich zu einer Föderation, die sich Fédération romande nannte. Ihre Zeitung war die «Égalité», die im Januar 1869 ins Leben gerufen wurde. Bakunin wurde ihr Redakteur und schrieb für sie eine Reihe von Artikeln: *Les Endormeurs, La Montagne, Le Jugement de M. Coullery, L'Instruction intégrale, La Politique de l'Internationale* und *La Coopération*; die meisten dieser journalistischen Arbeiten befassen sich mit aktuellen Problemen der Genfer Arbeiterbewegung und setzen sich für syndikalistische Aktionen ein. Schon im Februar hatte er Vorträge in Le Locle (Kanton Neuchâtel) vor den Arbeitern der Uhrenindustrie gehalten und unter deren militanten Vertretern persönliche Freunde gewonnen. Namentlich zu dem 30 Jahre jüngeren James Guillaume, einem Lehrer an der Industrieschule und später der erste Bakunin-Biograph, entwickelte sich ein dauerhaftes Freundschaftsverhältnis. Im Neuenburgischen gewannen Bakunins Lehren die treuesten Anhänger, ohne daß er als Parteiführer oder autoritärer Doktrinär auftrat. Unter den libertären Sozialisten des Jura-Bundes galt er vielmehr immer nur als «l'ami Michel» (Freund Michail), von dessen Meinung man von Fall zu Fall durchaus abweichen konnte. Gegen die Doktrinären, die «Theologisten», die «Idealisten» mit Scheuklappen (auch wenn sie auf dem Boden des Materialismus standen) war

Bakunin

Bakunin zeit seines Lebens mißtrauisch. *Je länger ich lebe, desto mehr überzeuge ich mich, daß es nichts Schmutzigeres geben kann als einen Idealisten. Auch Granowski* (russischer Historiker, 1813–55) *war zwar Idealist, doch kein schmutziger; er war viel zu edel, zu sehr der Freund Nikolaus Stankjewitschs. Aber es floß kein Tropfen realen Diderotschen, Danton'schen real-humanen Blutes in ihm. Er lebte und starb in der Doktrin und sentimental-humanistischen Fiktion: er liebte die Humanität, aber nicht die lebenden Menschen.*[127]

Aus gleichem Grund sah Bakunin zum Beispiel auch in Jean-Jacques Rousseau *den schädlichsten Schriftsteller des 18. Jahrhunderts, den Sophisten*[128]. Und er ermahnte Herzen: *Werde kein Doktrinär à la J. J. Rousseau, sondern bleibe unser mächtiger Voltaire.*[129]

Alexander Herzen hatte sich nämlich mit einer gewissen Verbitterung gegen die jungen russischen Radikalen gewandt, nachdem er von einem jungen russischen Emigranten in einer *abscheulichen Schmähschrift*, wie Bakunin zugibt, angegriffen worden war. In dem Brief vom 22. Juni 1867 aus Ischia a Lago, Villa Arbusta, macht sich der dreiundfünfzigjährige Bakunin zum Anwalt der neuen Jugend, der *ungewaschenen Seminaristen und Nihilisten, diese*(r) *außerhalb des Volkes einzige*(n) *frische*(n) *Kraft*[130].

In Deiner Wut schleuderst Du das Anathema gegen die neue Generation und sagst – als ob uns das als Argument gegen sie dienen könnte – ein Pogodin (russischer Publizist, 1800–75), *ein Aksakow* (panslawistischer Schriftsteller, 1823–86), *ein Turgenjew* (1818–83) *zeige mit dem Finger auf die jungen Leute; außerdem fährst Du sogar noch fort: «sie rechtfertigten durch ihr hundsgemeines Verhalten die Maßnahmen der Regierung!» . . . Nein, Herzen, welche Fehler diese Jugend auch haben mag, ihre geistige Haltung und ihre Gesichtspunkte sind denen der Pogodins, Aksakows und Turgenjews unendlich überlegen, die Dir so teuer sind. Diese Jugend steht so hoch über jenen Lustgreisen, daß es ihre Ehre nicht beschmutzen kann, wenn sie mit Fingern auf sie zeigen . . . In unserer jungen Generation mag es wohl, wenn wir Einzelne herausgreifen, eine Menge unangenehme, unordentliche, ja schmutzige Seiten geben, was übrigens ganz natürlich ist. Die alte, auf patriarchalischen, religiösen und hierarchischen Traditionen fußende Moral zerfällt unwiderruflich. Eine neue Moral wurde noch nicht geschaffen; nur durch eine soziale Revolution kann sie zur Tatsache werden . . . Darum kann eine neue Moral noch nicht Gestalt annehmen. Aber die russische Jugend sucht nach ihr, hat sie freilich noch nicht gefunden. Daher auch die Schwankungen, die Widersprüche, die Abscheulichkeiten und nicht selten die schmutzigen Skandale . . . All das ist sehr unangenehm, sehr schmerzlich, doch es ist logisch und unvermeidlich . . . Diese Mängel sollen uns aber nicht blind machen vor den ernsthaften, jawohl ernsthaften und großen Qualitäten unserer jungen Generation . . . vor ihrer echten Leidenschaft für Gleichheit, Arbeit, Gerechtigkeit, Freiheit und Vernunft. Diese hohe Leidenschaft, die sie im Herzen trägt, hat Dutzende von ihnen an den Galgen und Hunderte und Tausende in die Bergwerke Sibiriens gebracht, wo sie für immer begraben bleiben werden . . . Nein, was Du auch sagst, Herzen, diese ungewaschenen, groben und oft ziemlich unbequemen Pioniere der Wahrheit und des neuen Lebens stehen tausend- und abertausendmal höher als Deine anständigen Leichname.*[131]

Man kann sich also Bakunins helle Begeisterung ausmalen, als im März 1869 einer dieser jungen Leute sich in Genf bei ihm meldete, der sich als speziell an ihn abgesandten Delegierten des Moskauer Komitees einer «großen russischen Geheimgesellschaft» vorstellte, deren Ziel die Revolution in Rußland sei. Es war Sergej Genadijewitsch Netschajew, ein mit ungewöhnlicher Suggestivkraft begabter junger Mann von 22 Jahren. Man hat sich über die Leichtigkeit gewundert, mit der Bakunin sich von ihm täuschen ließ, und darin kindliche Naivität und unglaublichen Leichtsinn gesehen; von beiden war Michail Bakunin durchaus nicht frei, und seine unter gewissen Umständen unschwer beeinflußbare Natur, sein Sinn für Freundestreue, seine durch das lange Exil bedingte Unkenntnis der wahren innerrussischen Entwicklung, alles mußte dazu beitragen, ihn der Faszination und düsteren Dämonie des angeblichen Sendboten der russischen Jugend erliegen zu lassen.

Netschajew war 1847 in der kleinen Stadt Iwanowo, 300 Kilometer nordöstlich von Moskau, als Sohn eines Weißbinders und späteren Kellners und einer Schneiderin, Tochter eines Freigelassenen, geboren. Als er sechs Jahre alt war, starb die Mutter, und seine Kindheit war liebeleer und mancherlei Demütigungen ausgesetzt. Das Kind war intelligent, lernbegierig und schon früh mit ungewöhnlicher Energie begabt; als junger Mensch brachte Sergej es dazu, in einer Pfarrschule in St. Petersburg als Lehrer angestellt zu werden. Er begann in revolutionären Studentenkreisen zu verkehren, und obwohl seine Kameraden kenntnisreicher und erfahrener waren als er, schuf er sich dank seines Ehrgeizes und seiner Willenskraft bald eine führende Rolle unter ihnen und freundete sich mit dem Theoretiker der revolutionären Studentenschaft an, mit Pjotr N. Tkatschow (1844–86). Zusammen mit ihm verfaßte er ein «Aktionsprogramm», das mancherlei Gedanken Bakunins aufgriff, aber auch einen unbedingten Zentralismus verfocht und eine «revolutionäre Elite» für unerläßlich erklärte, Vorstellungen, die später bekanntlich von Lenin übernommen wurden. Tkatschow schrieb 1876: «Das sich selbst überlassene Volk kann weder jetzt noch später die soziale Revolution verwirklichen. Nur wir, die revolutionäre Minderheit, können es tun, und wir sollten es möglichst bald tun.»[132] Dem Volk revolutionäre Fähigkeiten abzusprechen war der Bakuninschen Ansicht durchaus entgegengesetzt.

Im Januar 1869 ließ Netschajew das Gerücht ausstreuen, er sei verhaftet worden, und dann, er habe ausbrechen können und sei ins Ausland geflüchtet. In Wahrheit hatte er sich nur nach Moskau abgesetzt, von wo aus er an seine Petersburger Freunde Traktate schickte, die die Aufmerksamkeit der Polizei auf sie lenkten. Mehrere wurden eingekerkert, darunter auch die junge Wera I. Sassulitsch, die 1876 ein Attentat auf den Petersburger Polizeipräsidenten machen sollte. Zu ihrer älteren Schwester und deren Mann Nikolaj W. Uspenskij trat Netschajew in Moskau unter falschem Namen in Beziehung, was für beide noch verhängnisvoll werden sollte. Dann reiste er über Belgien nach Genf, wo er sich an

Sergej G. Netschajew

Bakunin wandte.

Am 13. April 1869 schrieb Bakunin an James Guillaume: *Ich habe jetzt hier ein Spezimen dieser jungen Fanatiker, die an nichts zweifeln und nichts fürchten und die als Prinzip aufgestellt haben, daß viele, viele von ihnen unter der Hand der Regierung zugrunde gehen müssen, daß man aber nicht einen Augenblick ruhen wird, bis sich das Volk erhoben haben wird. Sie sind bewunderungswert, die jungen Fanatiker – Gläubige ohne Gott und Helden ohne Phrasen.*[133] Und noch drei Jahre später an Ogarjow: *Als wir ihn zum erstenmal sahen, brannte sein Herz von Liebe und Mitleid für das unglückliche russische Volk . . . Damals war nur sein Äußeres unsauber, aber im Inneren war er nicht beschmutzt.*[134]

Es kam zu einer engen Zusammenarbeit mit Netschajew. Mehrere Broschüren, mit dem absichtlich irreführenden Vermerk «in Rußland gedruckt», erschienen in Genf, ein *Aufruf an die Offiziere der russischen Armee*, *Einige Worte an meine jungen Brüder in Rußland*, *Das Prinzip der Revolution* und *Die Frage der Revolution*. Sie bekunden eine sonst Bakunin fremde ultra-autoritäre Haltung und sind von äußerster Radikalität: *Da wir keine andere Aktivität als die der Zerstörung anerkennen, so meinen wir damit ausdrücklich, daß sie sich unter äußerst verschiedenen Formen manifestieren kann: Gift, Dolch, Strick. Die Revolution rechtfertigt alle Mittel ohne Unterschied.*[135] Kein Zweifel, daß sich die «Propaganda der Tat» des Anarchismus in den folgenden Jahrzehnten, selbst die Taten eines François-Claude Ravachol und eines Hermann Stellmacher, Raubmörder unter anarchistischem Etikett, aus solchen Formulierungen herleiten.

Ein besonders seltsames Gemisch von Gedanken, die Bakunin schon immer vertraut sind, und solchen, die seinen Gefühlen für Freundschaft und Ritterlichkeit, seinem Streben nach Solidarität, seiner Großmut Hohn sprechen, findet sich in dem *Katechismus des Revolutionärs* (wie gesagt, nicht zu verwechseln mit Bakunins *Revolutionärem Katechismus* von 1865/66). Das Genfer Produkt sollte man darum lieber mit seinem eigentlichen Titel bezeichnen: *Regeln, nach denen sich der Revolutionär richten muß*. Welchen Anteil an der Autorschaft Bakunin hatte, ist eine Streitfrage geblieben, zumal die polemische Broschüre von Marx und Engels, «Die Allianz der sozialistischen Demokratie und die Internationale Arbeiter-Assoziation» (1873) ihm die Verantwortung dafür und darüber hinaus für die kriminellen Handlungen Netschajews beizulegen versucht hat. Vielleicht darf hier das abgewogenere Urteil eines objektiveren Kommentators angeführt werden. Jean Barrué meint: «Ich stelle mir die Geschichte der Zusammenarbeit zwischen Bakunin und Netschajew folgendermaßen vor. Bakunin diente während einiger Monate Netschajew als ‹Sekretär›. Durch die kalte Logik des jungen Fanatikers überzeugt – oder überrumpelt –, unternahm er es, Manuskripte ins reine zu schreiben, in denen Netschajew seiner Heftigkeit und seinem Zynis-

Wera Sassulitsch

mus die Zügel schießen ließ, aber der alte Revolutionär mischte hie und da seine eignen Ideen von jeher ein. Merkwürdige Zusammenarbeit, bei der die Rollen vertauscht sind, und bei der Netschajew vielleicht absichtlich vermied, die Verantwortung für die Handschrift zu übernehmen. Meine Überzeugung basiert auf gewissen Charakterzügen Bakunins und vor allem auf seiner neuen Mentalität, die zwischen 1869 und 1870 seine Korrespondenz erkennen läßt.»[136]

Was ist nun der Inhalt dieser *Regeln, nach denen sich der Revolutionär richten muß*? Sie fordern eine rückhaltlose Hingabe mit Haut und Haar an ein einziges Ziel: *die schnellste und sicherste Zerstörung dieser unflätigen Weltordnung,* nämlich der bestehenden. Für den Revolutionär gelte, daß alles sittlich ist, was den Sieg der Revolution begünstigt, verbrecherisch nur, was ihn verzögert. Der Revolutionär gehört nicht sich selbst; er kennt für die ganze gebildete Klasse der Gesellschaft keine Schonung, und er darf für sich selbst keine Schonung erwarten. Er muß sich daran gewöhnen, jede Marter zu ertragen. Jedes Gefühl der Verwandtschaft, Freundschaft, Liebe, Dankbarkeit muß erstickt werden, nur die einzige kalte Leidenschaft für das revolutionäre Werk gilt. Bereit, für die Revolution zu sterben, muß er auch bereit sein, mit eigenen Händen jeden zu töten, der zwischen ihm und seinem Ziel steht. Revolutionäre zweiter und dritter Ordnung, solche also, die noch nicht ganz eingeweiht sind, muß er mit größtmöglichem Nutzen einsetzen, über sich selbst darf er nur mit Zustimmung der eingeweihten Genossen verfügen. Er kann und muß inmitten der Gesellschaft leben, und um sie zerstören zu können, muß er heucheln und sich tarnen. Listen von wegzuräumenden Leuten, je nach Schädlichkeit, sind aufzustellen. Um das Volk reif zu machen, soll man seine Leiden nicht lindern, sondern möglichst vergrößern.

Die künftige Organisation wird ganz gewiß aus der Volksbewegung entstehen, aus dem Leben des Volkes selbst; doch sie wird erst das Werk der kommenden Generationen sein. Unsere Aufgabe ist es, zu zerstören: eine schreckliche, vollständige, unerbittliche Zerstörung (§ XXIV). – *Wir müssen uns mit der Welt der Abenteuerer und Räuber verbünden, die in Rußland die einzigen Revolutionäre sind* (aus § XXV).

Ganz ähnlich hatte Bakunin bereits in der *Beichte an den Zaren* geschrieben: *Unsere Aufgabe ist es, zu zerstören, und nicht die, aufzubauen; andere Männer sind es, die aufbauen werden, bessere als wir, intelligentere, frischere.*[137]

Sehr bakuninisch klingt § XXIII der *Regeln*: *Das Heil kann dem Volk allein eine Revolution bringen, die jede Idee eines Staates unbedingt verurteilt und in Rußland die Traditionen, die Institutionen und die sozialen Klassen des Staates von Grund auf umwälzt.*[138]

Am 15. September 1869 war Netschajew wieder in Moskau zurück und suchte Uspenskij auf; er hatte einen Ausweis in französischer Sprache folgenden Inhalts mit Bakunins Unterschrift: «Le détenteur du présent certificat est délégué avec pleins pouvoirs par la section russe de l'Alliance générale révolutionnaire – Numéro 2771.»[139] Für Bakunin sollte dieser Ausweis alsbald höchst kompromittierend werden!

Im selben Monat fand in Basel der Kongreß der Internationale statt, an dem Bakunin teilnahm; es kam zu einer Kontroverse mit Johann Georg Eccarius, dem Vertreter von Marx, der nicht selbst nach Basel gekommen war, und zwar über das Erbrecht. Trotzdem setzte sich Bakunin für eine Stärkung der Machtbefugnisse des Londoner Zentralrates der Internationale ein, der ganz unter dem Einfluß von Marx stand. Taktische Gründe bewogen ihn dazu, weil er Marx als einen Gegner des «Reformismus» kannte und er selbst sich in Genf innerhalb der Sektionen der Internationale mit den «Reformisten» herumgeschlagen hatte. Übrigens blieb er nach Rückkehr vom Kongreß nicht länger in Genf, sondern zog aus wirtschaftlichen Gründen nach Locarno um, wo das Leben billiger war. Unbeschadet aller Meinungsverschiedenheiten nahmen ihn dort die Mazzinisten mit offenen Armen auf. Am 2. Oktober 1869 schrieb er vom Lago Maggiore aus an Ogarjow: *Nun, Freund Aga, bin ich einfach ins Paradies übergesiedelt. Stelle Dir vor, nach der trockenen und prosaischen Atmosphäre in Genf Italien mit all seiner anmutigen Wärme, Schönheit und primitiven, kindlich-lieblichen Einfachheit . . . Mit Hilfe netter Leute, denen meine neuen Freunde uns empfohlen hatten, fand ich eine Wohnung und eine Magd; 55 frs Miete monatlich für vier*

Michael BAKOUNINE - le Danton Moderne

fondateur du Nihilisme et Apôtre de l'anarchie

Pour vaincre les Ennemis du prolétariat il nous faut détruire, encore détruire et toujours détruire.

Car ! l'esprit **destructeur** est en même **temps** l'esprit **constructeur**.

Чтобы побѣдить врага пролетаріата, надо разрушать и еще разрушать всегда и навсегда.

Духъ разрушительный есть духъ созидательный

«Um die Feinde des Proletariats zu besiegen, müssen wir zerstören, noch mehr zerstören und immer zerstören. Denn der zerstörerische Geist ist zugleich der aufbauende Geist.» Flugblatt

schöne möblierte Zimmer und eine geräumige Küche, dazu drei Betten, Wäsche und das nötige Geschirr mit einer prachtvollen Aussicht auf den See. Die sonnige Wohnung liegt in einem Garten.[140]

In Moskau hatte unterdessen Netschajew – nach Meinung seines bolschewistischen Bewunderers I. W. Bienstock[141] – «mit außerordentlicher Rapidität und Geschicklichkeit seine ‹Fünfer-Gruppen› organisiert und den Plan zu der Geheimgesellschaft ‹Volkswillen› fertiggestellt». Zu der Moskauer Gruppe gehörte jedenfalls neben Uspenskij auch ein Student namens Iwanow. Sei es nun, daß Iwanow die notorische Mythomanie Netschajews durchschaut hatte, weil die Geheimgesellschaft tatsächlich immer noch nur in dessen Kopf existierte oder sich auf eine Handvoll Unentwegter beschränkte, sei es, daß er – sofern Bienstock die Wirksamkeit Netschajews doch richtig einschätzt – sonstige machiavellistische Methoden des eiskalten Logikers mißbilligte, auf alle Fälle wollte er sich von der Gruppe wieder zurückziehen. Er wurde daraufhin von ihm bei den Kameraden als «Spitzel» denunziert und seine Exekution dekretiert; nicht anders als es die *Regeln, nach denen sich der Revolutionär richten muß*, propagierten, wurde er in einen Hinterhalt gelockt und am 21. November von Netschajew und dessen Getreuen eigenhändig ermordet. Schon kurz darauf fand man seine Leiche in einem Teich. Noch nicht drei Wochen nach der Bluttat wurden mehrere Mitglieder der Gruppe, darunter Uspenskij, verhaftet. Netschajew war schon nach St. Petersburg gefahren, um auch dort «Fünfer-Gruppen» zu bilden. Am 10. Dezember erließ das III. Büro, das heißt die politische Polizei, Haftbefehl auch gegen ihn. Es gelang ihm jedoch, nach Deutschland zu entkommen. Anfang Januar 1870 tauchte er wieder in der Schweiz auf und meldete sich bei Bakunin, ohne ihn von dem Vorgefallenen zu unterrichten.

Bakunin hatte den Auftrag eines russischen Verlegers übernommen, das «Kapital» von Karl Marx ins Russische zu übersetzen und auf das Honorar von 900 Rubeln einen Vorschuß von 300 Rubeln erhalten, womit er in Genf seine Schulden bezahlt und den Umzug nach Locarno finanziert hatte. Die Übersetzung fiel ihm nicht leicht; zuerst brachte er es nur auf drei Seiten täglich, dann auf fünf. Er hoffte, auf zehn Seiten täglich zu kommen und in etwa vier Monaten fertig zu werden.[142] Am 7. Januar 1870 berichtet er: *Ich übersetze viel und schnell.*[143]

Da traf Netschajew in Locarno ein (Brief vom 9. Januar). Er überredete Bakunin, die Übersetzung aufzugeben, da er seine Zeit besser für revolutionäre Zwecke verwenden könne; er selbst wolle, so versprach er, einen Ersatzübersetzer finden, der in den Vertrag einspringen werde. Statt dessen schrieb er jedoch einen Brief an den russischen Verleger, ohne daß Bakunin davon eine Ahnung hatte, und bedrohte ihn mit dem Tode, falls er sich unterstünde, Bakunin wegen der Übersetzung noch im geringsten zu behelligen. Der Brief gelangte in die Hände von Marx, der sich durch den Abbruch der Übersetzung sowieso schon brüskiert sah.

Bakunin selbst geriet wegen des entgangenen Resthonorars wieder in eine Notlage. Am 14. Juni schrieb er an Ogarjow: *Ich bin jetzt zum äußersten Grade des Elends und der Aussichtslosigkeit gekommen. Ich habe Schulden und keine Kopeke Geld, einfach nichts zum Leben ... Alle Übersetzungsarbeiten sind für mich unmöglich geworden infolge der unglücklichen Geschichte mit L.* (?) *Andere russische Bekannte habe ich nicht. Mit einem Wort, es steht sehr schlecht.*[144]

Im Mai war das Gerücht aufgetaucht, Netschajew sei in Zürich verhaftet worden und solle an Rußland ausgeliefert werden. Darauf wandte sich Bakunin an Freunde, damit sie sich für den Bedrohten einsetzten. Liberale Zeitungen wurden informiert, Eingaben an den Bundesrat gemacht, Protestversammlungen organisiert. Doch es stellte sich heraus, daß nicht Netschajew verhaftet worden war, sondern ein anderer junger Russe namens Sergej Sserebrenikow, der von den Schweizer Behörden wieder freigelassen wurde.

Rußland hatte inzwischen aber tatsächlich die Auslieferung Netschajews verlangt, der in einem von Bakunin redigierten, aber, wie James Guillaume bezeugt, von Netschajew verfaßten Artikel im «Progrès» von Le Locle den Mord an Iwanow ableugnete. Bakunin veröffentlichte im Mai 1870 das von Witz sprühende Pamphlet *Die Bären von Bern und der Bär von St. Petersburg,* worin er den jungen Freund gegen die Beschuldigungen verteidigt.

Erst im Juli 1870 sind ihm endlich die Augen aufgegangen, denn am 24. Juli schreibt er aus Neuchâtel an seinen Freund Talandier: *Netschajew ist nach und nach dazu gekommen, überzeugt davon zu sein, daß man, um eine ernsthafte und unzerstörbare Geheimgesellschaft zu gründen, die Politik Machiavells zur Grundlage nehmen und das System der Jesuiten ganz und gar übernehmen müsse – für den Leib einzig und allein Gewalt, für die Seele die Lüge. Die Wahrheit, das gegenseitige Vertrauen, ernste und strenge Solidarität existieren nur zwischen einem Dutzend Individuen. Alles Übrige soll als blindes Werkzeug und auszunutzendes Material in den Händen dieses Dutzends Männer dienen. Es ist erlaubt und sogar befohlen, die anderen zu täuschen, zu kompromittieren, zu bestehlen und wenn nötig sogar sie ins Verderben zu stürzen; sie sind nur das Fleisch der Verschwörung. Sagen Sie nicht, ich übertriebe; all das ist mir ausführlich auseinandergesetzt und bewiesen worden.*[145] Jetzt erkennt er in plötzlicher Klarsicht das Wesen des «boy». Im selben Brief schildert er ihn: *Er ist ein furchtbarer Ehrgeizling, ohne es zu wissen, weil er schließlich die Sache der Revolution mit seiner eigenen Person identifiziert – aber er ist kein Egoist im banalen Sinn des Wortes, denn er setzt die eigene Person schauerlich jeder Gefahr aus und führt das Leben eines Märtyrers voller Entbehrungen und voll unerhörter Arbeit. Er ist ein Fanatiker, und der Fanatismus bringt ihn sogar dazu, ein vollkommener Jesuit zu werden – für Augenblicke wird er ganz*

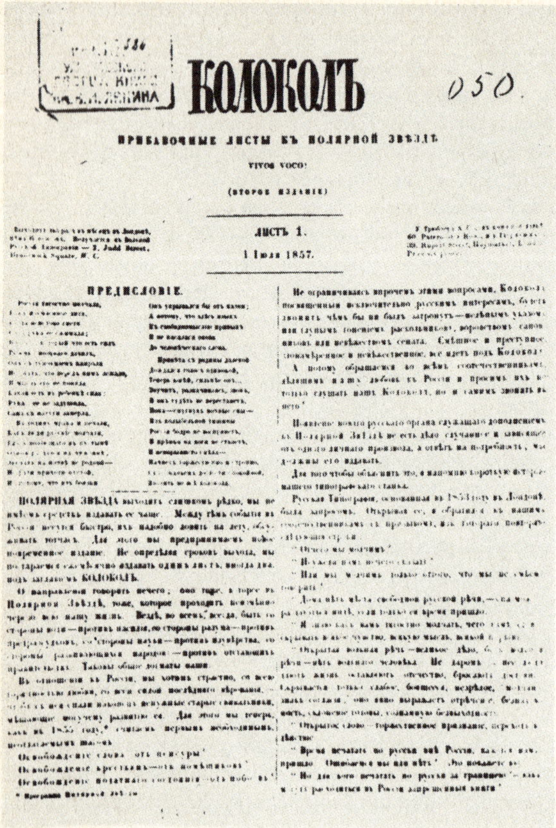

КОЛОКОЛЪ

050.

ПРИБАВОЧНЫЕ ЛИСТЫ КЪ ПОЛЯРНОЙ ЗВѢЗДѢ

VIVOS VOCO!

(ВТОРОЕ ИЗДАНІЕ)

ЛИСТЪ 1.

1 Іюля 1857.

ПРЕДИСЛОВІЕ.

Die Zeitschrift «Kolokol»

einfach dumm. Die meisten seiner Lügen sind töricht zusammengeflickt ... Trotz seiner verhältnismäßigen Naivität ist er sehr gefährlich, weil er täglich Taten begeht, Vertrauensbrüche, Verrätereien, gegen die man sich um so schwerer schützen kann, als man ihre Möglichkeit kaum vermutet. Dabei ist Netschajew eine Kraft, weil er eine ungeheure Energie ist ... Sein letzter Plan ist es gewesen, nicht mehr und nicht weniger als in der Schweiz eine Diebes- und Räuberbande zu gründen, natürlich mit dem Ziel, ein revolutionäres Kapital zu bilden. Ich habe ihn davor bewahrt, indem ich ihn dazu veranlaßte, die Schweiz zu verlassen.[146] Und er warnt den Freund: ... *Um euerselbst willen beschwöre ich Dich, alle euere Beziehungen zu Netschajew und zu seinem kleinen*

Kompagnon Wladimir Sallier abzubrechen, und wenn es möglich ist, euch vor ihnen ganz zu verstecken.[147]

Bakunin hatte nämlich inzwischen nicht nur Kenntnis von dem hinter seinem Rücken an den russischen Verleger geschriebenen Drohbrief erhalten, sondern auch andere Machenschaften Netschajews erlebt. Herzen und Ogarjow verwahrten eine Summe von 20000 Franken, die der emigrierte Russe Bakmetjew ihnen für revolutionäre Propaganda hinterlassen hatte. Schon bei Netschajews erstem Besuch in der Schweiz hatte Herzen ihm auf Bakunins Drängen die Hälfte der Summe, wenn auch zögernd, ausgezahlt. Herzen starb im Januar 1870, und Ogarjow zahlte die zweite Hälfte ebenfalls an Netschajew, der sich aber hartnäckig weigerte, dafür eine Quittung auszustellen, auch über die Verwendung keine Rechenschaft ablegen wollte. Dagegen knüpfte er Beziehungen zu Herzens ältester Tochter Nathalie an, die sich von dem düsteren Feuer des jungen Mannes gleichzeitig angezogen und abgestoßen fühlte; sein Plan war es offenbar gewesen, sich auch in den Besitz des nicht unbeträchtlichen Herzenschen Vermögens zu setzen. Zunächst bemächtigte er sich gegen Nathalies Willen des «Kolokol», der berühmten Zeitschrift Herzens, und gab, allerdings zusammen mit dem nicht sehr willensstarken Ogarjow, zwischen April und Mai 1870 sechs Nummern davon heraus. Außerdem bestahl er Bakunin und Ogarjow um Papiere, die sie kompromittieren konnten, wohl in der Absicht, sie damit zu erpressen. Bakunin schrieb am 19. August 1870: *Ja, er hat uns verraten und zu einer Zeit verraten, wo wir alles für ihn hingaben und felsenfest zu ihm hielten. Ja, schon vergangenes Jahr hat er unsere Briefe gestohlen.*[148] Auch bei Nathalie Herzen entwendete er intime Briefe und verschwand nach London, von wo er sich nach Paris begab.

Im folgenden Jahr aber kehrte er heimlich in die Schweiz zurück und lebte unter dürftigsten Verhältnissen in Zürich. In St. Petersburg rollte im Sommer 1871 der Prozeß der Netschajew-Gruppe ab. Auf der Anklagebank saßen alle, die seine Intrigen in Rußland kompromittiert hatten. Auch der *Katechismus des Revolutionärs*, oder *Regeln, nach denen sich der Revolutionär richten muß*, lag dem Gericht vor; sie sind bei Uspenskij gefunden worden.

«Zum ersten Mal fand in Rußland die Verhandlung eines politischen Prozesses öffentlich und vor Geschworenen statt. Alle Angeschuldigten, mehr als achtzig an der Zahl, Männer und Frauen, gehörten bis auf wenige Ausnahmen der studierenden Jugend an. Sie hatten in den Gefängnissen der Petersburger Festung vom November 1869 bis Juli 1871 eine Präventivhaft erlitten, die den Tod zweier von ihnen bewirkte und mehrere andere zum Wahnsinn brachte. Sie kamen aus dem Gefängnis, um ihre Verurteilung zu den Bergwerken Sibiriens, zur Zwangsarbeit, zu Gefängnis von fünfzehn, zwölf, zehn, sieben und zwei Jahren anzuhören; und diejenigen, welche vom öffentlichen Gerichtshof freigesprochen wurden, wurden ‹auf dem Verwaltungswege› verbannt.»[149] Vier, die an dem Mord beteiligt waren, darunter Uspenskij, wurden zu fünfzehn Jahren Zwangsarbeit verurteilt. Alle Angeklagten erklärten sich mit dem in der Schweiz weilenden Netschajew solidarisch und versuchten den Mord zu rechtfertigen.

Netschajew wurde am 14. August 1872 in Zürich verhaftet. Ein gewisser Stempkowski, «der ihn als einziger wohl wirklich geliebt hatte»[150], verriet ihn an die Polizei, als er ihn verlassen wollte, um zu dem jungen Wladimir Sallier zu ziehen. Bakunin protestierte mit fünf anderen emigrierten Russen zusammen gegen die Auslieferung und ließ in Zürich die Broschüre erscheinen: *Ist Netschajew ein gemeiner Verbrecher oder nicht?*, worin der Mord an Iwanow politisch motiviert wird, denn Netschajew sei *ein leidenschaftlicher Kämpfer gegen das schlimmste Regime Europas*[151].

Am 27. Oktober 1872 wurde Netschajew nach Rußland ausgeliefert. Durch Michail P. Saschin, alias Armand Ross, einen Freund Bakunins, hatte er noch wissen lassen, wo sich die entwendeten Dokumente in Paris befanden; sie wurden dort auch wirklich aufgefunden und Ross verbrannte sie, außer den Briefen Nathalies, die ihr wieder zugestellt wurden.

Am 2. November 1872 schrieb Bakunin an Ogarjow: *Alter Freund! Das Unerhörte ist also geschehen. Die Republik hat den unglücklichen Netschajew ausgeliefert ... Übrigens sagt mir eine innere Stimme, daß Netschajew, der unrettbar verloren ist, und es ohne Zweifel weiß, aus seinem tiefsten Innern, welches verworren und versumpft, doch keineswegs abgeschmackt ist, seine ganze ursprüngliche Energie und Standhaftigkeit wieder wachrufen wird. Er wird als Held zugrunde gehen, und diesmal niemanden und nichts verraten ... Mir tut er sehr leid. Niemand hat mir soviel Böses und dabei mit Absicht angetan wie er, und doch tut es mir leid um ihn. Er war ein Mann von seltener Energie ... Der Hang zu herrschen, sein dünkelhafter Trotz, die dank seiner Unwissenheit in ihm in unglücklichster Weise mit der Methode des sogenannten Machiavellismus und Jesuitismus zusammentrafen, zogen ihn endlich ganz in den Schmutz. Zuletzt wurde er ein ganzer Narr. Denke Dir, etwa zwei oder drei Wochen vor seiner Verhaftung ließen wir ihn durch unsere Bekannten warnen – da weder ich noch jemand von meinen Freunden ihm begegnen wollten –, er möge sich eiligst aus Zürich fortmachen, da man ihn suche. Er wollte es aber nicht glauben und sagte: «Es sind die Bakunisten, die mich aus Zürich jagen», und er fügte hinzu: «Es ist nicht mehr das Jahr 1870; jetzt habe ich im Berner Bundesrate ergebene Leute, Freunde, die mich gewarnt hätten, drohte mir solche Gefahr», – und jetzt ist er verloren.*[152]

Der oben erwähnte kommunistische Historiker der revolutionären Bewegung in Rußland, Bienstock, der in Netschajew «eine der großen

Das Attentat auf Alexander II.

Gestalten der russischen Revolution» sieht, meint, er habe sich Bakunin und Ogarjow nur genähert, um sein eigenes Prestige in den Augen der russischen Jugend zu erhöhen, habe schließlich bei dem alten Revolutionär eine gewisse Müdigkeit erkannt und ihn, gemäß seinen Prinzipien, fallengelassen.[153]

Der Prozeß gegen Netschajew begann am 20. Januar 1873. Der Mord an Iwanow wurde als gemeines Verbrechen bewertet. Der Angeklagte rief bei der Urteilsverkündung: «Nieder mit dem Despotismus!» Das Urteil lautete auf zwanzig Jahre Zwangsarbeit und Deportation nach Sibirien auf Lebenszeit. Am Pranger ausgestellt, wurde er von der Menge in St. Petersburg beschimpft. Alexander II. änderte das Urteil ab in lebenslange Kerkerhaft in der Peter-Pauls-Festung, im Alexis-Ravelin, wo seinerzeit auch Bakunin gesessen hatte. Netschajew blieb unbeugsam. Er ohrfeigte einen Gendarmerie-General. Er wurde an Händen und Füßen in Ketten gelegt. Aber seiner ungebrochenen Suggestivkraft gelang es, unter den Wärtern und Wachsoldaten Proselyten zu machen. Im Januar 1881 konnte er durch hinausgeschmuggelte Briefe Kontakt mit dem Exekutiv-Komitee des «Volks-Willens» aufnehmen; es war die Epoche, in der der Terrorismus in Rußland auf seinem Höhepunkt stand. Netschajew hatte einen Fluchtplan bis ins einzelne entworfen, er verzichtete jedoch darauf, weil das Exekutiv-Komitee gerade das Attentat auf Alexander II. vorbereitete, dem er Priorität zubilligte. Das Attentat tötete den Zaren, die Attentäter und ihre Hintermänner aber wurden gefaßt. Für Netschajew gab es keine Aussicht mehr auf einen Ausbruch aus dem Kerker. Seine Haftbedingungen wurden verschärft. Zudem verriet ein Mitgefangener den Fluchtplan. Dreißig Soldaten und vier Gendarmen wurden wegen Begünstigung aufs schwerste bestraft. Dem Gefangenen wurde die ohnehin kärgliche Nahrung um zwei Drittel gekürzt. Netschajew starb am 21. November 1882 an Skorbut und Unterernährung; er starb in Ketten.[154]

Aus der Begegnung mit ihm hatte Michail Bakunin eine schmerzliche Lehre gezogen. An Armand Ross schrieb er am 21. Oktober 1874: *Willst Du nicht endlich begreifen, daß man auf der jesuitischen Lüge nichts Festes und Lebendiges errichten kann; daß die revolutionäre Aktion sich nicht auf die niederen und gemeinen Leidenschaften stützen darf und daß die Revolution niemals siegreich sein kann, wenn sie nicht ein hohes und menschliches Ideal zum Ziele hat?*[155]

Am 19. Juli 1870 war der Deutsch-Französische Krieg ausgebrochen. Von Bakunins Haltung den kriegerischen Ereignissen gegenüber gibt James Guillaume ein Bild: «In seinen Augen war die Zermalmung Frankreichs durch das feudale und militärische Deutschland der Sieg der Gegenrevolution, und diese Entwicklung konnte nur vermieden werden, indem man das französische Volk zu einem ‹lever en masse› aufrief, damit es gleichzeitig den fremden Eindringling zurückwerfe und sich im Innern seiner Tyrannen entledige, die es in wirtschaftlicher und politischer Knechtschaft hielten. Er schrieb an seine sozialistischen Freunde in Lyon: *Die patriotische Bewegung von 1792 ist nichts im Vergleich zu dem, was ihr jetzt tun müßt, wenn ihr Frankreich retten wollt. Erhebt euch also, Freunde, zum Klang der Marseillaise, die heute wieder der legitime Gesang Frankreichs wird ... Gesang der Freiheit, Gesang des Volkes, Gesang der Menschheit; die Sache Frankreichs ist abermals die Sache der Menschheit geworden.*»[156] Im Juli und August schrieb Bakunin seine *Lettres à un Français*, die am 20. September erschienen, ein Aufruf zum *spontanen, furchtbaren, leidenschaftlich energischen, anarchischen, zerstörerischen und wilden Aufstand der Volksmassen auf dem gesamten Territorium Frankreichs*[157]. Aufstand nicht nur gegen die preußische Armee, sondern auch gegen das herrschende Regime, eine soziale Revolution, die den Krieg zum Bürgerkrieg macht. Erst recht nach Sedan und der Ausrufung der Republik glaubt er den Augenblick gekommen. Es hält ihn nicht länger in Locarno.

Am 4. September bricht er auf, am 14. September trifft er in Lyon ein, wo sich inzwischen ein «Wohlfahrtsausschuß» konstituiert hat. Bei einer Manifestation der Arbeiter wegen Lohnreduzierungen setzt sich am 28. September ein revolutionäres Zentral-Komitee an dessen Stelle, zu dem auch Bakunin gehört. Ein Aufruf, der auch seine Unterschrift trägt, wird plakatiert: Abschaffung des Staates, Suspendierung der Steuern und Hypothekenzinsen, revolutionäre Volksjustiz und eine Föderation freier Kommunen werden darin gefordert. Im Vorgefühl des Sieges schreibt Bakunin an Ogarjow: *Heute nacht werden wir unsere Hauptfeinde festnehmen, und morgen wird die letzte Schlacht geliefert, die, wie wir hoffen, uns den Sieg bringen wird.*[158] Sein ungestümer Optimismus reißt ihn wieder hin. Schon im August hatte er an die Reichels geschrieben: *Was glaubt Ihr, liebe Freunde, so oder so, die Revolution steht bevor – zuerst in Frankreich, dann in Italien, schließlich überall! Und es lebe die Revolution!*[159]

Der Rückschlag bleibt nicht aus; die Massen folgen nicht. Nach wenigen Stunden erobert die republikanische Nationalgarde das Stadthaus zurück. Bakunin wird verhaftet, dann von einer Handvoll Franctireurs wieder befreit. Er versteckt sich in der Umgebung von Lyon und bittet brieflich Ogarjow um 100 Francs, um entfliehen zu können. Schließlich entweicht er nach Marseille, wo er sich ein paar Tage verbirgt. An einen spanischen Freund schreibt er: *Der Militarismus und Bürokratismus, die Adelsarroganz und der protestantische Jesuitismus der Preußen, innigst verbündet mit der Knute meines Herrn und Meisters, des Zaren aller Reußen, werden über den Kontinent Europa triumphieren, Gott weiß für wieviel Dutzende von Jahren. Adieu alle unsere Träume von einer Emanzipation!* [160] Und in dem Brief an einen anderen Freund: *An Stelle des lebendigen und wirklichen Sozialismus, dem Frankreichs, werden wir den doktrinären der Deutschen haben, die nur mehr sagen werden, was die preußischen Bajonette ihnen zu sagen gestatten werden . . . Adieu Freiheit, adieu Sozialismus, Gerechtigkeit für das Volk und Sieg der Menschlichkeit!* [161]

Seine bedingungslose Parteinahme gegen die Deutschen, bei denen er eine «Vereinigung von Wissenschaft und Brutalität» und ein Streben nach Macht geißelte, das er auch in der deutschen Arbeiterbewegung zu erkennen meinte, setzte ihn wiederum in Gegensatz zu Karl Marx, der am 20. Juli 1870 an Friedrich Engels geschrieben hatte: «Wenn die Preußen siegreich sind, wird die Zentralisation der Staatsmacht der Zentralisation der deutschen Arbeiterklasse dienlich sein. Das deutsche Übergewicht wird außerdem den Schwerpunkt der europäischen Arbeiterbewegung von Frankreich nach Deutschland verlagern. Das Übergewicht des deutschen Proletariats auf dem Welttheater über das französische Proletariat würde gleichzeitig das Überwiegen unserer Theorie über die Proudhons bedeuten.» [162]

In seinem Marseiller Versteck begann Bakunin das Manuskript zu *La Révolution sociale ou la dictature militaire* [*Die soziale Revolution oder die Militärdiktatur*]. Erweitert und umgearbeitet erhielt es später den Titel *L'Empire knouto-germanique et la révolution sociale* [*Das knutogermanische Reich oder die soziale Revolution*], wovon als Teil eines noch weit umfangreicher geplanten Werkes im Sommer 1871 eine erste Lieferung in Genf erschien. Die zum Teil schon gesetzte zweite Lieferung konnte wegen Geldmangel zu Bakunins Lebzeiten nicht mehr erscheinen. Weitere Fragmente zu dem geplanten monumentalen Werk sind erhalten geblieben, darunter ein längeres Kapitel, das Élisée Reclus und Carlo Cafiero unter dem Titel *Dieu et l'état* [*Gott und der Staat*] 1882, sechs Jahre nach Bakunins Tod, herausgaben.

Über seine schriftstellerische Tätigkeit hat Bakunin selbst geäußert: *Ich bin weder Gelehrter noch ein Philosoph, noch selbst Schriftsteller von Beruf. Ich habe in meinem Leben sehr wenig geschrieben und tat dies immer nur, wenn eine leidenschaftliche Überzeugung mich dazu zwang, meinen instinktiven Widerwillen gegen jede öffentliche Ausstellung meines eigenen Ichs zu besiegen.* [163] Tatsächlich sind alle seine größeren Schriften Fragmente geblieben.

Bakunin

Die beste Zusammenfassung seiner Ideen bietet das umfangreiche Bruchstück *Gott und der Staat*. Zitieren wir einige Sätze daraus:

Wenn Gott existiert, ist der Mensch ein Sklave; der Mensch kann und soll aber frei sein: folglich existiert Gott nicht.

Den Naturgesetzen gegenüber ist für den Menschen nur eine Freiheit möglich: sie zu erkennen und sie immer mehr seinem Ziel der kollektiven und individuellen Befreiung und Humanisierung entsprechend anzuwenden.

Das Rathaus (Stadthaus) von Lyon

Wir weisen alle privilegierte, patentierte, offizielle und legale Gesetzgebung, Autorität und Beeinflussung zurück, selbst wenn sie aus dem allgemeinen Stimmrecht hervorgegangen sind, in der Überzeugung, daß sie immer nur zum Nutzen einer herrschenden und ausbeutenden Minderheit gegen die Interessen der ungeheuren geknechteten Mehrheit sich wenden können. In diesem Sinne sind wir Anarchisten.

Von allen Despotismen ist der der Doktrinäre oder religiösen Erleuchteten der ärgste. Sie sind so eifersüchtig auf den Ruhm ihres Gottes oder auf den Triumph ihrer Idee, daß ihnen kein Herz bleibt für die Freiheit, die Würde, nicht einmal für die Leiden der lebendigen, wirklichen Menschen.

Nur dann bin ich wahrhaft frei, wenn alle Menschen, die mich umgeben, Männer und Frauen, ebenso frei sind wie ich. Die Freiheit der anderen, weit entfernt davon, eine Beschränkung oder die Verneinung meiner Freiheit zu sein, ist im Gegenteil ihre notwendige Voraussetzung und Bejahung. Nur durch die Freiheit anderer werde ich wahrhaft frei.

Es ist an der Zeit, mit allen Päpsten und Priestern ein Ende zu machen; wir wollen keine mehr, selbst wenn sie sich sozialistische Demokraten nennen.

In der auf der bürgerlichen Moral gegründeten Gesellschaft erscheint jedes Individuum durch den Zwang oder die Logik seiner Stellung als Ausbeuter der anderen, weil er materiell aller und moralisch niemandes bedarf.

Ausbeuten und regieren ist ein und dasselbe; das eine ergänzt das andere und dient ihm schließlich als Mittel zum Zweck.[164]

29 Septembre. 1870. Lyon

Mon cher ami —

Je ne veux point partir de Lyon, sans t'avoir dit un dernier mot d'adieu. La prudence m'empêche de venir te serrer la main encore une fois. Je n'ai plus rien à faire ici. J'étais venu à Lyon pour combattre ou pour mourir avec vous. J'y étais venu, parceque j'ai cette suprême ~~condition~~ conviction; que la cause de la France est redevenue aujourd'hui celle de l'humanité, et que sa chute, son asservissement sous un régime qui lui serait imposé par les baïonnettes des Prussiens, serait le plus grand malheur qui, au point de vue de la liberté et du progrès humain, puisse arriver à l'Europe et au monde.

J'ai pris part au mouvement d'hier et j'ai signé mon nom sous les résolutions du „Comité Central du Salut de la France"; parceque pour moi il est évident, qu'après la destruction réelle et complète de toute la machine administrative et gouvernementale de votre pays, il ne reste plus d'autre moyen de salut pour la France que le soulèvement, l'organisation et la fédération spontanées, immédiates et révolutionnaires de ses communes, en dehors de toute tutelle et de toute direction officielles.

Tous ces tronçons de l'ancienne administration du pays, ces municipalités composées en grande partie de bourgeois ou d'ouvriers convertis à la bourgeoisie, gens routiniers s'il en fût, dénués d'intelligence, d'énergie et manquant de bonne foi; tous ces procureurs de la République, ces préfets et ces sous-préfets, et surtout ces commissaires extraordinaires munis des pleins-pouvoirs

Brief aus Lyon an einen Freund

Moltke.
Karikatur von
Gustave Doré

Aus Marseille fuhr er am 24. Oktober an Bord eines Schiffes, dessen Kapitän ein Freund seiner Freunde war, in tiefer Niedergeschlagenheit nach Genua und kehrte über Mailand nach Locarno zurück. Zu seiner Depression gesellte sich nackte Not. Selbst Tee zu kaufen reichten die Mittel nicht – von Zigaretten, die ihm unerläßlich schienen, ganz zu schweigen.

Der Aufruhr, der in Marseille am 31. Oktober, sieben Tage nach Bakunins Abreise, ausbrach, bestätigte ihm seinen Pessimismus; die revolutionäre Commune konnte sich nur fünf Tage im Marseiller Stadthaus halten und trat am 14. November ab. Ein von Gambetta gesandter Regierungskommissar übernahm die Macht.

Den Winter verbrachte Bakunin in Locarno in großer Einsamkeit. Er arbeitete an der Schrift *L'Empire knouto-germanique et la révolution sociale*. Die alten Verleumdungen grassierten wieder; er begegnete Mißtrauen. Die Affäre Netschajew warf ihren Schatten.

In dieser niedergedrückten Stimmung erreichte ihn die Nachricht vom Aufstand der Commune in Paris, und sofort flackerten seine Hoffnungen auf die große soziale Revolution wieder auf. Er weiß sich die Mittel für die Fahrkarte zu beschaffen und reist am 27. April zu seinen Freunden im Jura, um für alle Fälle der französischen Grenze nahe zu sein, obwohl inzwischen die Zweifel am Erfolg sich wieder gemeldet haben. *Aller*

Wahrscheinlichkeit nach werden die Pariser zugrunde gehen; aber umsonst werden sie es nicht, sie werden dadurch die Sache fördern; sie sollen wenigstens halb Paris in Asche legen . . . Nur die äußerst verzweifelten Maßnahmen und die Bereitwilligkeit, alles mit ins Verderben zu ziehen, können die Sache retten.[165] Sein lustvoller Traum einer Tabula rasa gehört zu den fixen Ideen dieses vom «Dämon der Revolte» besessenen Mannes.

Die Commune erliegt nach zwei Monaten erbitterten Widerstandes, und das Blutbad, das die Versailler Truppen anrichten, wirft die französische Arbeiterbewegung um Jahrzehnte zurück. Unter den Opfern ist auch Bakunins Freund Eugène Varlin (1839–71), Mitglied der Commune, der von den Soldateska gelyncht, buchstäblich in Stücke gerissen und erschossen wird.

Bakunin sieht in der Commune eine antistaatliche und föderalistische Erhebung. Im Sommer 1871 schreibt er: *Ich bin Anhänger der Commune von Paris . . . weil sie eine kühne, sehr ausgesprochene Verneinung des Staates war . . . Die Commune von Paris dauerte zu kurze Zeit und war in ihrer inneren Entwicklung von dem tödlichen Kampf, den sie gegen die Reaktion von Versailles zu bestehen hatte, zu sehr behindert, als daß sie ihr sozialistisches Programm, ich sage nicht einmal hätte anwenden, sondern auch nur hätte theoretisch ausarbeiten können.*[166] Und in einem Brief an die Brüsseler Zeitung «La Liberté» im Jahre darauf: *Die Wirkung des kommunalistischen Aufstandes war überall so gewaltig, daß selbst die Marxianer, deren Vorstellungen durch diesen Aufstand über den Haufen geworfen wurden, sich gezwungen sahen, vor ihm den Hut zu ziehen. Sie taten noch mehr: entgegen der einfachsten Logik und entgegen ihren eigentlichen Gefühlen verkündeten sie, daß sein Programm und sein Ziel auch die ihren seien.*[167]

Da Mazzini sich polemisch gegen die Pariser Commune geäußert hatte, erwiderte Bakunin ihm in zwei Schriften, *Réponse d'un international à Mazzini*, im August 1871 gleichzeitig französisch und italienisch erschienen, und *La Théologie politique de Mazzini et l'Internationale* gegen Ende des Jahres 1871. Beide Schriften fanden in Italien gewaltigen Widerhall und riefen bei der Jugend und der Arbeiterschaft eine geistige Bewegung hervor, die noch im gleichen Jahr zur Gründung zahlreicher Sektionen der Internationale führte. Guillaume stellt in seiner Bakunin-Biographie fest: «Bakunin, der durch die Entsendung Fanellis nach Spanien 1868 der Schöpfer der spanischen Internationale gewesen war, wurde nun durch seine Polemik gegen Mazzini der Schöpfer der italienischen Internationale, die sich mit so großer Leidenschaft in den Kampf nicht nur gegen die Herrschaft der Bourgeoisie über das Proletariat, sondern auch gegen den Versuch jener Männer stürzte, die damals das Autoritätsprinzip bei der Internationalen Arbeiter-Assoziation einführen wollten.»[168]

Bakunin hatte einst zur Zeit des Prager Aufstands 1848 selbst eine «revolutionäre Diktatur» gefordert, und in der Periode, in der er unter Netschajews Einfluß stand, kehrt theoretisch das Diktatur-Modell wieder in einigen seiner Schriften zurück. Es handelt sich dabei jedoch nicht um den Zentralismus Leninscher Prägung. «Wenn Bakunin in einem gewissen Augenblick – sehr zu Unrecht – die Idee der Leitung von oben und der Disziplin von unten vertreten hat, so geht es ihm in Wahrheit nur um kleine Zellen mit sehr wenig militanten Gliedern (etwa einhundert würden für Europa genügen, meinte Bakunin). Keinerlei Verwandtschaft mit den Parteien marxistischen oder leninistischen Typs, die dazu berufen sind, eine leitende (in Wahrheit diktatorische) Rolle in der Revolution und nach der Revolution zu spielen. Die ‹Zellen› Bakunins strebten keineswegs nach einer ideologischen Diktatur, und niemals hat Bakunin die – ach, so verlogene! – Formel von der Diktatur des Proletariats gebilligt . . . *Der beste, der uneigennützigste Mann, der allerreinste und großmütigste, wird bei diesem Beruf* (des Herrschens) *unweigerlich verdorben. Zwei der Macht inhärente Gefühle werden niemals verfehlen, diese Demoralisierung hervorzurufen: die Verachtung des Führers für die Volksmassen und die Überschätzung seines eigenen Verdienstes.*»[169]

Auch noch in der Netschajew-Periode wies er es weit von sich, persönlich auf ein Podest gestellt zu werden. Am 7. Februar 1870 schrieb er an Albert Richard: *Schreibst Du mir nicht, daß ich, wenn ich wolle, der Garibaldi des Sozialismus werden könne? Mir liegt sehr wenig daran, ein Garibaldi zu werden und irgendeine Rolle zu spielen. Mein Lieber, ich werde sterben und die Würmer werden mich verzehren, aber ich will, daß unsere Idee siegt. Ich will, daß die schwarzen Hände wirklich von allen Autoritäten und allen gegenwärtigen und künftigen Helden befreit werden. Ich will zum Sieg unserer Idee nicht die mehr oder weniger dramatische Ausstellung meiner eigenen Person, nicht eine Macht, sondern u n s e r e Macht, die Macht u n s e r e r Kollektivität, u n s e r e r Organisation und kollektiven Aktion, zu deren Gunsten ich bereit bin, meinem Namen und meiner Person zu entsagen und sie zu annullieren.*[170]

Einer der Haupteinwände, den er gegen Karl Marx erhob, war der gegen die Rolle, die Marx sich zulegte: *Er betrachtet sich . . . ganz ernstlich als Papst des Sozialismus oder vielmehr des Kommunismus, denn er ist seiner ganzen Theorie nach ein autoritärer Kommunist, der . . . die Befreiung des Proletariats durch die zentralisierte Macht des Staates will. – Zu dieser Selbstanbetung in seinen absoluten und absolutistischen Theorien tritt als natürliche Folge der Haß hinzu, den Marx nicht nur allein gegen die Bourgeoisie hegt, sondern gegen alle, selbst gegen die revolutionären Sozialisten, die ihm widersprechen und einer*

Straßenkampf während der Pariser Commune. Zeichnung von A. Denis

von seinen Theorien verschiedenen Ideenrichtung zu folgen wagen. Marx ist, – etwas Sonderbares bei einem so intelligenten und so aufrichtig (dem Proletariat) *ergebenen Mann – Marx ist äußerst eitel, eitel bis zum Schmutz und zur Tollheit. Wer das Unglück hatte, ihn auf noch so unschuldige Weise in dieser krankhaften, stets empfindlichen und stets gereizten Eitelkeit zu verletzen, dessen unversöhnlicher Feind wird er, und dann hält er alle Mittel für erlaubt und benutzt tatsächlich die schmählichsten, unerlaubtesten Mittel, um einen solchen in der öffentlichen Meinung zu verderben. Er lügt, erfindet und bemüht sich, die schmutzigsten Verleumdungen zu verbreiten.*[171]

Als Bakunin diese bittere Kritik niederschrieb, hatte er allerdings gute Gründe dazu. Sein Verhältnis zu Marx hatte keineswegs von Anfang an unter solchen Spannungen und Vergiftungen gelitten, wenn es auch zwischen den so gänzlich entgegengesetzten Naturen zu wirklicher Vertrautheit nicht kommen konnte. Aber noch in den Briefen aus Florenz redet er Marx mit *carissimo amico* an (7. Februar 1865). Und noch 1869 hatte er an Marx geschrieben: *Mein Vaterland ist jetzt die Internationale, von der Du einer der wichtigsten Begründer bist. Du siehst also, mein lieber Freund, daß ich Dein Schüler bin und stolz bin, es zu sein.*[172] Da stand Marx ihm längst schon mit einem aus Eifersucht gespeisten Mißtrauen gegenüber; am 27. Juli 1869 hatte er an Engels geschrieben: «Dieser Russe will offenbar Diktator der europäischen Arbeiterbewegung werden. Er soll sich in acht nehmen. Sonst wird er offiziell exkom-

1871

muniziert.»[173] Gleichzeitig war auch wieder das Gerücht aufgetaucht, Bakunin sei ein zaristischer Polizeispitzel. Der Basler Kongreß der Internationale hatte sich offiziell damit befaßt und nach gründlicher Prüfung eine ausdrückliche Ehrenerklärung für Bakunin abgegeben.

Um die gleiche Zeit zeichneten sich aber auch schon die sachlichen Differenzen ab. Am 22. Oktober schrieb Bakunin an Herzen: *Marx ist unbestreitbar ein sehr nützlicher Mann in der Internationale . . . und ich würde es mir nie verzeihen, wenn ich nur versucht hätte, seinen förderlichen Einfluß auszulöschen oder auch nur zu schwächen, nur um mich an ihm zu rächen.* (Herzen hatte in Marx den Urheber der diffamierenden Gerüchte vermutet.) *Es könnte jedoch geschehen und zwar schon sehr bald, daß ich einen Kampf gegen ihn beginne, natürlich nicht wegen persönlicher Beleidigung, sondern wegen einer Prinzipienfrage über den Staatskommunismus, dessen feuerige Anhänger er selbst und die englischen und deutschen Parteien sind, die er lenkt. Das wird dann ein Kampf auf Leben und Tod. Doch jedes zu seiner Zeit, und die Stunde für diesen Kampf ist noch nicht gekommen.*[174]

Das Geplänkel begann scheinbar ganz lokal in Genf, wo es wegen der Agitation Bakunins gegen Genfer reformistisch-sozialistische Kommunalpolitiker zu Reibungen und schließlich am 13. August 1870 zu seinem Ausschluß aus der Genfer Zentralsektion der Internationale kam, ohne daß er vorher gehört worden war. Bakunin schloß auf Intrigen des Londoner Generalrates, obwohl er noch nicht wußte, daß Marx tatsächlich gegen ihn schürte, wie es die «vertrauliche Mitteilung» vom 28. März 1870 beweist, mit der Marx sich Ludwig Kugelmann gegenüber diffamierend über Bakunin äußert und bittet, die sozialistischen Führer in Deutschland über diese Mitteilung vertraulich ins Bild zu setzen; er schließt sein Schreiben mit den Worten: «So wird das Spiel dieses höchst gefährlichen Intriganten – zum mindesten auf dem Gebiet der Internationale – bald beendet sein.»[175]

Bakunin löste aber, um den beginnenden Streit beizulegen, die Genfer Sektion seiner Allianz auf; er hoffte gleichzeitig, daß die italienischen und spanischen Sektionen in der Internationale verbleiben könnten, die seiner Auffassung nach die Vielfalt in der Einheit zulassen mußte; doch Marx, der an eine straffe Führung der Internationale dachte, sah vor allem, auch mit Unmut, wie die von Bakunin inspirierten Sektionen der Allianz, obwohl gleichzeitig Gliederungen der Internationalen Arbeiter-Assoziation, seinem eigenen Einfluß in Italien und Spanien im Wege standen. Zudem wurde eine neue Sektion in Genf, die die Flüchtlinge der Pariser Commune bildeten und der sich die aus der Zentralsektion ausgestoßenen (neben Bakunin drei weitere) Mitglieder anschlossen, durch den Generalrat in London nicht als Sektion der Internationale zugelassen.

Ferner berief der Generalrat, unter dem Diktat von Marx und Engels,

Karl Marx

statt einen allgemeinen Kongreß der Internationale einzuberufen, im September 1871 eine Geheimkonferenz nach London, an der fast ausschließlich wohlausgesuchte Anhänger von Marx teilnahmen. Sie faßte Beschlüsse, die endgültig die Autonomie der Sektionen und Föderationen der Internationale aufhoben und dem Generalrat eine Autorität beilegten, die im Widerspruch zu den Gründungsstatuten stand, worin es ausdrücklich hieß, «daß die Emanzipation der Arbeiter das Werk der Arbeiter selbst sein muß». Zudem wurden von dieser sogenannten «Winkelkonferenz» allen Sektionen die Bildung politischer Parteien zur Pflicht gemacht, während Bakunin und seine Allianz, wie man wußte, in Parteien nur die Machtmittel einzelner Führer zur Erlangung oligarchischer Herrschaft über die Massen sahen.

«Dringend war nun geboten, die Internationale als umfassende Föderation von Gruppierungen, die für den Kampf auf wirtschaftlichem Gebiet gegen die kapitalistische Ausbeutung organisiert worden waren, nicht durch eine kleine Clique von marxistischen ... Sektierern absorbieren zu lassen», schrieb James Guillaume, der eine der treibenden Kräfte gegen die verstohlenen Zentralisierungsversuche war. «Die Jurasektionen bildeten, zusammen mit der neuen Genfer Sektion, am 12. November 1871 in Sonvilier eine Jura-Föderation und sandten an alle Föderationen der Internationale ein Zirkular, mit der Aufforderung, sich ihr anzuschließen, um den Übergriffen des Generalrates Widerstand zu leisten und ihre Autonomie zu verteidigen. ‹Die künftige Gesellschaft›, so hieß es darin, ‹darf nichts anderes sein als die Universalisierung der Organisation, die sich die Internationale gegeben haben wird. Wir müssen also dafür sorgen, diese Organisation unserem Ideal so nahe wie möglich anzunähern. Wie aber sollte eine egalitäre und freie Gesellschaft aus einer autoritären Organisation hervorgehen? Das ist unmöglich. Die Internationale, Embryo der künftigen menschlichen Gesellschaft, ist gehalten, schon jetzt das getreue Abbild unserer Prinzipien von Freiheit und von Föderierung zu sein, und jedes Prinzip, das nach Autorität und Diktatur strebt, aus ihrem Innern auszuschließen.›»[176]

Die Gründung der Jura-Föderation und die Abfassung des Zirkulars kamen wohlgemerkt ohne Bakunins Mitautorschaft zustande. Aber wie man sich denken kann, nahm er das Zirkular von Sonvilier, das so gänzlich seinen eigenen Auffassungen entsprach, mit Begeisterung auf und sorgte für seine Verbreitung bei den italienischen Sektionen. Spanien, Belgien, die meisten französischen Sektionen, die sich nach dem Blutbad vom Mai 1871 als heimliche Gruppen neu organisiert hatten, und die Mehrzahl der Sektionen in den USA pflichteten den Prinzipien der Jura-Föderation bei, und James Guillaume stellt fest, daß der Versuch von Marx und seinen Getreuen, in der Internationale ihre Herrschaft in Gestalt der autoritären Führung durch den Londoner Generalrat zu errichten, gescheitert war.

Im Privaten herrschte bei den Bakunins noch immer größte Not. Im Februar 1872 schrieb Antonia Bakunin (ohne Michails Kenntnis) an Ogarjow: «Komme, was da wolle; wir sind nicht die ersten und werden nicht die letzten sein, die wirkliche Not kennen. Bis jetzt hatten wir das Glück, jedesmal, wenn sie drohte, ausweichen zu können, aber diesmal sind wir, scheint es, gezwungen, ihr auch unseren Tribut zu zahlen ...» Und der Brief enthält den für das eheliche Verhältnis aufschlußreichen Satz: «Das äußere Leben, alles, was nicht meine Kinder betrifft, ist mir fremd.»[177] Im Frühjahr fuhr Antonia mit den Kindern nach Rußland zu ihren Eltern. Anlaß war der Tod ihres Bruders, aber die Gründe lagen wohl zum großen Teil auch in den materiellen Schwierigkeiten Michails.

Im Juni zirkulierte ein Schriftstück mit 47 Unterschriften, dessen Autor Karl Marx war; darin wurde Bakunin als Intrigant, Anhänger der

Theorien Netschajews und abermals verleumderisch als Polizeispitzel bezeichnet, und die Proteste gegen die Übergriffe des Generalrates wurden als Machination des «geheimnisvollen Papstes von Locarno» ausgegeben. Bakunin verbrachte Sommer und Herbst in Zürich, wo er im August eine slawische Sektion, hauptsächlich aus russischen und serbischen Studenten und Studentinnen bestehend, zusammenbrachte; sie schloß sich der Jura-Föderation an, hatte aber keine lange Lebensdauer, da innere Zwistigkeiten ausbrachen. Unter den Mitgliedern regte sich Eifersucht auf Armand Ross, weil er ständig in Bakunins Gesellschaft war, so daß sich die «slawische Sektion» in Zürich im Jahr darauf schon wieder auflöste. Bakunin schrieb damals: *Was kann man mit diesen Kellerasseln tun? Was für Verschwörer sind doch die Russen! Stets zeichnen sie sich durch Herdeneigenschaften aus. Die Mode fiel auf die Anarchie; jetzt sind alle Anarchisten. Aber in einigen Jahren wird es vielleicht keinen einzigen Anarchisten mehr geben.*[178]

Im Herbst 1872 wurde die Generalversammlung der Internationalen Arbeiter-Assoziation einberufen. Wohlweislich aber bestimmte der Londoner Generalrat einen möglichst nördlichen Ort dafür, wo die «aus dem Boden gestampften Delegierten», wie Engels zynisch sagte, eine manipulierte Mehrheit bilden konnten. Bakunin selbst konnte wegen der Reisekosten und wegen eines noch gültigen Haftbefehls nicht teilnehmen, als der Kongreß vom 2. bis 7. September 1872 in Den Haag zusammentrat. Die italienische Föderation schickte wegen der Entfernung keinen Delegierten, die Spanier vier, die Jura-Föderation zwei, die belgische sieben, die holländische vier, die englische fünf. Diese 22 Delegierten waren die einzigen wirklich gewählten Vertreter der Internationale; sie bildeten die Minderheit. Die Mehrheit bestand aus 40 Einzelnen, die nur sich selbst vertraten und alle gehorsame «Marxianer» waren. So kam es unschwer zum Ausschluß von Bakunin und Guillaume aus der Internationale. Empörend war vor allem, daß man die Exkommunizierung, die Marx schon lange angedroht hatte, unter anderem mit ehrenrührigen Vorwürfen begründete: es sei bewiesen, daß Bakunin sich betrügerischer Machenschaften bedient habe, um sich das Vermögen anderer Leute anzueignen, und daß er sich der Erpressung schuldig gemacht habe. Der Vorwurf bezog sich auf den Vorschuß von 300 Rubeln für die Übersetzung des «Kapitals» und den Drohbrief Netschajews an den Verleger Poliakow, obwohl es erwiesen war, daß der Brief ohne Wissen Bakunins geschrieben worden war. Selbst der marxistische Marx-Biograph Franz Mehring stellt fest, daß diese Diffamierung Bakunins ein unentschuldbarer Akt gewesen sei, «für den leider Marx die Verantwortung trägt»[179].

Bakunin reagierte auf den Ausschluß ziemlich gelassen. In dem Brief vom 5. Oktober 1872 an die Brüsseler Zeitung «La Liberté» schrieb er: *Ich tue ihm* (Marx) *gewiß nicht unrecht, zu glauben, daß er sich einbildet, wissenschaftlich etwas gefunden zu haben, das der absoluten Wahr-*

Friedrich Engels

heit nahe käme. Doch von dem Augenblick an, wo das Absolute nicht existiert, kann es für die Internationale kein unfehlbares Dogma geben; noch folglich eine offizielle politische oder ökonomische Theorie.[180]

Denn der andere Vorwand für seinen Ausschluß hatte gelautet, von Bakunin unterzeichnete Statuten und Briefe unterschieden sich vom sozialen und politischen Gesichtspunkt aus von denen der Internationalen Arbeiter-Assoziation.

An Guillaume schrieb er nur: *Das Damokles-Schwert, mit dem sie uns so lange bedroht haben, ist endlich auf unsere Häupter herabgefallen. Genaugenommen ist es gar kein Schwert, sondern die übliche Waffe des Herrn Marx: ein Kübel Dreck.*[181]

Einer der Hauptgründe für Marx war sicherlich seine Eifersucht. «Die langen Jahre des Nichtgehörtwerdens hatten ihn verbittert. Proudhon und Bakunin war stets mehr Aufmerksamkeit entgegengebracht worden. Dabei waren in seinen Augen alle beide theoretische Stümper, die ihm nie das Wasser reichen konnten. Schon früher hatten ihn diese Irrlehren genug inkommodiert»[182], urteilt der Verfasser einer Geschichte des «libertären Sozialismus in der Westschweiz». Daß aber Bakunin und Marx unvereinbare Naturen waren, prägt sich selbst noch in ihrem sachlichen

Gegensatz aus. Konträr zur autoritären Führung von Parteioberen, zur revolutionären Diktatur, steht Bakunins Auffassung von der sozialen Revolution, die den Staat abschafft und an seine Stelle die Assoziation von Produzentengruppen und Communen setzt. Soll die Revolution abermals den zentralistischen und repressiven Staat errichten, der nach Marx erst nach einiger Zeit «absterben» würde, oder liegt darin – nach Bakunin – nicht auch für die Arbeiterklasse selbst die Gefahr neuer Despotie und Ausbeutung? Denn *der ganze Unterschied zwischen revolutionärer Diktatur und Staatlichkeit besteht nur in den äußeren Umständen. Faktisch bedeuten sie beide das gleiche: die Verwaltung einer Mehrheit durch eine Minderheit im Namen der angeblichen Dummheit ersterer und der angeblichen Weisheit letzterer. Deshalb sind sie auch gleich reaktionär und haben, die eine wie die andere, als unmittelbares und notwendiges Ergebnis die Sicherung politischer und ökonomischer Privilegien für die herrschende Minderheit und die politische und wirtschaftliche Versklavung der Volksmassen.*[183]

Der extreme Zentralismus und Superbürokratismus der totalitären, sogenannten sozialistischen Staaten ist «eine geradezu großartige Bestätigung der Warnungen Bakunins vor den Konsequenzen des Marx'schen ‹autoritären Kommunismus› und läßt ihn nachträglich als moralischen Sieger des vor hundert Jahren ausgefochtenen Kampfes zwischen den Repräsentanten der beiden politischen Hauptströmungen des modernen revolutionären Sozialismus erscheinen» (Horst Stuke).[184]

Neben dem fundamentalen Gegensatz in so entscheidenden Fragen konnten die persönlichen Differenzen nur eine untergeordnete Rolle gespielt haben, wie etwa das Mißtrauen Bakunins gegen den «Juden» Marx, das ihn zu abenteuerlichen Spekulationen verführte, mit denen er kühn Rothschild und den Marxismus in Beziehung setzte. Man darf nicht vergessen, daß ja auch Marx selbst von ähnlichen antisemitischen Regungen nicht frei war, wie gehässige Äußerungen über Lassalle im Briefwechsel mit Engels es beweisen.

Kurz nach dem manipulierten Kongreß von Den Haag trat im Schweizer Jura zu Saint-Imier am 15. September ein Gegenkongreß zusammen: er umfaßte die Delegierten der italienischen, spanischen und jurassischen Föderationen und Vertreter der französischen und amerikanischen Sektionen. Einstimmig lehnte er die Beschlüsse des Haager Kongresses ab, namentlich auch die Zuständigkeit des neuen Generalrates, dessen Sitz auf Marx' Betreiben nach New York verlegt worden war, um ihn dem Einfluß der Gegenströmung zu entziehen. Barrué meint: «Der scheinbare Erfolg, der in Wirklichkeit eine Niederlage war, bestimmte Marx dazu, den Sitz des Generalrats nach New York zu verlegen; in seinen Vorstellungen ging es darum, die Internationale einzuschläfern und sie dann zu begraben»[185], weil sie sich nicht zu seinem gehorsamen Werkzeug hergab.

James Guillaume

LA BARONATA (1873–1874)

An Bakunin waren die Enttäuschungen und Kämpfe nicht spurlos vorübergegangen. Er fühlte sich müde, seine durch die Gefangenschaft schon erschütterte Gesundheit verschlechterte sich. Er nahm auch an Körperfülle zu, als Folge einer Wassersucht.

Nach einem neuen Kongreß der Internationale vom 1. bis 6. September, der, fast ausschließlich von der libertären Mehrheit beschickt, den New Yorker Generalrat absetzte, hielt Bakunin den Augenblick für gekommen, sich aus dem aktiven Leben zurückzuziehen. Er schrieb anfangs Oktober 1873 aus Bern an seine Freunde von der Jura-Föderation:

Liebe Genossen, ich kann und darf das öffentliche Leben nicht verlassen, ohne ein letztes Wort des Dankes und der Teilnahme an Euch zu richten ... Mächtig unterstützt durch Euere Brüder in Italien, Spanien, Frankreich, Belgien, Holland, England und Amerika, habt Ihr die große internationale Arbeiterassoziation auf den Weg zurückgebracht, von dem die Diktaturversuche von Marx sie beinahe abgeleitet hätten ...

Café in der Lombaardstraat, Den Haag. Hier tagte der Kongreß.

Ich benutze dies, liebe Genossen, um Euch zu bitten, meinen Austritt als Mitglied der Jura-Föderation und Mitglied der Internationale anzunehmen. Ich habe viele Ursachen, so vorzugehen. Glaubt nicht, es geschehe vor allem wegen der persönlichen Kränkungen, mit denen man mich diese letzten Jahre hindurch überschüttete. Ich sage nicht, daß ich absolut gefühllos gegen sie gewesen bin, aber ich würde noch Kraft genug in mir fühlen, Widerstand zu leisten, wenn ich dächte, daß meine weitere Teilnahme an Eurer Arbeit, Euren Kämpfen für den Sieg der Sache des Proletariats noch von Nutzen sein könnte. Aber dieser Ansicht bin ich nicht. Durch Geburt und persönliche Lage, gewiß nicht durch Neigung und Richtung, bin ich ein Bourgeois, und als solcher könnte ich nichts anderes unter Euch tun als Propaganda machen. Nun, ich habe die Überzeugung, daß die Zeit der großen theoretischen Reden, gedruckter oder gesprochener, vorüber ist. In den letzten neun Jahren wurden im Schoß der Internationale mehr Ideen entwickelt, als man zur Rettung der Welt brauchen würde, wenn Ideen allein sie retten könnten, und ich fordere jeden heraus, noch eine neue Idee zu finden. – Die Zeit ist nicht mehr für Ideen da, sondern für Handlungen und Taten. Heute ist vor allem die Organisation der Kräfte des Proletariats von Wichtigkeit. Diese Organisation muß aber das Werk des Proletariats selbst sein.

Wenn ich jung wäre, würde ich mich in ein Arbeitermilieu begeben haben und, indem ich am arbeitsamen Leben meiner Brüder teilnahm, würde ich zugleich mich mit ihnen in die große Aufgabe dieser notwendigen Organisation geteilt haben. Aber mein Alter und meine Gesundheit erlauben mir nicht, dies zu tun; sie legen mir im Gegenteil Einsamkeit und Ruhe auf. Jede Anstrengung, eine Reise mehr oder weniger, wird eine sehr ernste Sache für mich. In moralischer Hinsicht fühle ich mich noch ziemlich stark, aber physisch bin ich gleich müde, ich empfinde, daß ich nicht mehr die nötige Kraft zum Kampf habe. Ich könnte also im Lager des Proletariats nur eine Last, keine Hilfe sein . . . Ich ziehe mich also zurück, liebe Genossen, erfüllt mit Dankbarkeit gegen Euch und mit Sympathie für Eure große und heilige Sache, – die Sache der Menschheit . . . Bis zum Tode werde ich der Eure sein . . . Haltet fest am Prinzip großer und weiter Volksfreiheit, ohne welche selbst Gleichheit und Solidarität nur Lügen sind. Organisiert immer mehr die praktische, militante Solidarität der Arbeiter aller Berufe und aller Länder . . . Adieu. Euer Bruder

Michael Bakunin.[186]

Nicht lange vor dieser Rücktrittserklärung hatte er die Schrift *Staatlichkeit und Anarchie* beendet, die einzige, die er als Buch in russischer Sprache veröffentlicht hat. Sie erschien 1873 anonym und ohne Ortsangabe in der Schweiz – die letzte Publikation eines Werkes von ihm vor

Aufbruch der Delegierten zum Kongreß der Internationale in Den Haag

seinem Tod. Wiederum handelt es sich, wie bei allen größeren Arbeiten Bakunins, um ein Fragment, das zudem in offenbarer Eile sehr flüchtig geschrieben ist.

Bei einer anderen Gelegenheit (es handelte sich damals um einen ursprünglich für die Pariser Zeitung «Le Réveil» bestimmten Artikel, der aber erst postum erschien) hatte er einmal – am 22. Oktober 1869 – an Alexander Herzen geschrieben: *Jetzt wollen wir über die Abfassung meiner Arbeit sprechen. Väterchen Alexander Iwanowitsch, stehe Pate bei diesem häßlichen Werke, gib Deine Feile dazu und hilf mir, es zustande zu bringen ... Ich bin kein Künstler, und die literarische Architektur ist nicht meine starke Seite, so daß ich wohl den geplanten Bau nicht bewältigen werde, oder mit mir dasselbe der Fall sein wird, wie mit demjenigen, von dem man erzählt, daß er zuerst das Haus aufbauen und dann erst die Fenster und Türen durchbrechen ließ.*[187]

In der Schrift von 1873 bleibt Bakunin trotz aller Niederlagen und Enttäuschungen seinen Grundprinzipien treu. Sie war dazu bestimmt, Einfluß auf die revolutionären Kräfte in Rußland selbst zu gewinnen, und tatsächlich wurden vermutlich über tausend Exemplare nach Rußland eingeschmuggelt. Sie scheint für die Bewegung der «Narodniki» (Volksfreunde) keine geringe Rolle gespielt zu haben und trug zur Verbreitung seiner Ideen im Zarenreich wirkungsvoll bei, obwohl es nicht zur Bildung einer bakuninistischen Organisation kam. Einen großen Raum nimmt die Polemik gegen die Marxschen Theorien ein. Bakunin stellt ihnen entgegen: *Selbst die rationalste und tiefsinnigste Wissenschaft kann nicht die Formen des zukünftigen gesellschaftlichen Lebens erahnen. Sie kann nur die n e g a t i v e n Bedingungen definieren, die sich logisch aus der strengen Kritik an der bestehenden Gesellschaft ergeben ... Dieser Weg führte schließlich zur Ablehnung selbst der Idee des Staates und der Herrschaft, d. h. zur Ablehnung einer Regierung der Gesellschaft von oben nach unten im Namen eines wie auch immer gearteten Pseudorechts, sei es theologisch oder metaphysisch, göttlich oder wissenschaftlich-rational, und folglich zur entgegengesetzten und damit negativen Position – zur Anarchie, d. h. zur selbstständigen und freiheitlichen Organisation aller Einheiten oder Elemente, die die Gemeinden bilden, und deren freier Föderation von unten nach oben – nicht auf Befehl irgendeiner Obrigkeit, und sei es einer gewählten, und nicht nach den Richtlinien irgendeiner gelehrten Theorie, sondern infolge einer völlig natürlichen Entwicklung von Bedürfnissen aller Art, die sich aus dem Leben selbst ergeben. Deshalb ist kein Gelehrter in der Lage, das Volk zu lehren, oder auch nur für sich selbst zu bestimmen, wie das Volk am Tag nach der sozialen Revolution leben wird und leben soll. Das wird sich vielmehr erstens aus der jeweiligen Situation eines Volkes und zweitens aus den Bestrebungen ergeben, die in ihm auftreten oder stärker wirken, keinesfalls aber durch Richtlinien und Erläuterungen*

Marchese Carlo Cafiero

von oben und überhaupt durch keinerlei am Vorabend der Revolution erdachte Theorien. Und, weiter unten: *Kooperation in jeder Gestalt ist zweifellos die rationale und gerechte Form der zukünftigen Produktion. Um aber ihr Ziel erreichen zu können – die Befreiung der arbeitenden Massen und ihre volle Entlohnung und Zufriedenstellung – ist es unerläßlich, daß Land und Kapital in jeder Hinsicht zum Kollektivbesitz gemacht werden.*[188]

Ein junger Freund, der Marchese Carlo Cafiero, aus einer reichen süditalienischen Familie, der einst Marx nahegestanden und in Italien für ihn gearbeitet hatte, dann sich aber Bakunin anschloß, hatte in Locarno

In Locarno

eine Villa, La Baronata, erworben und schenkte sie dem alten Revolutionskämpen; er stellte ihm zudem über sein Vermögen eine Blanko-Vollmacht aus, da er es der revolutionären Sache zu weihen gedachte. Er hoffte, die Villa könnte zur heimlichen Zentrale aller europäischen Revolutionsbewegungen werden. Von der Lage her war sie in der Tat zum heimlichen Verschwörernest gut geeignet. Sie lag außerhalb der Stadt; die Straße nach Bellinzona war gut zu überblicken. Ein Besucher, der Russe Debagorij-Mokrijewitsch, hat sie in seinen Erinnerungen geschildert. Er gelangte im Boot quer über die Bucht hinüber. «Wir stiegen einen schmalen Pfad an der Steilküste hinauf und betraten durch eine enge Pforte das Grundstück. Ein Haus mit einer Etage und mit schadhaften Mauern. Die Fassade zum See zu war höher als die rückwärtige Fassade, wie bei jedem am Hang gebauten Haus. Die dicken Mauern des alten Baues, der sehr wenig wohnlich schien, gaben ihm das Aussehen einer Festung. – Als wir eintraten, empfing uns eine feuchte, stickige Atmosphäre. Die hinteren Zimmer waren dunkel; die Fenster führten auf die Felsen, vor denen ein kleiner, angebauter Garten lag. Dagegen bot das Haus als Zufluchtsort manchen Vorteil. Man konnte unbemerkt zum See gelangen, frei nach jeder Richtung hin. Um den Zoll zu umgehen, konnte man Italien im Boot erreichen.»[189]

Bakunin plante, hier eine «ambulante Druckerei» zu errichten, wohl auch ein Waffendepot anzulegen und Zufluchtszimmer bereitzustellen. War er mißtrauisch geworden oder war es seine alte, ein wenig abenteuerliche Lust am Versteckspiel? In seinen Briefen benutzte er nun statt Namen Chiffren: 30=Bakunin, 74=Marx, 10=Guillaume. Aus dem Fenster übte er Lichtsignale nach Italien hinüber. Seine ganze Revolutionshoffnung schien er jetzt Italien zugewendet zu haben.

Es gibt in Italien, was in anderen Ländern fehlt, eine glühende, energische, völlig deklassierte Jugend ohne Karriere, ohne Ausweg; die trotz ihrer bürgerlichen Herkunft weder moralisch noch intellektuell erschöpft ist wie die bürgerliche Jugend der anderen Länder. Heute wirft sie sich Hals über Kopf in den revolutionären Sozialismus.[190]

Vom Alltag in La Baronata gibt der erwähnte Debagorij-Mokrijewitsch ein anschauliches Bild: «Bakunin pflegte spät aufzustehen, so daß wir ihn erst ungefähr um zehn Uhr morgens besuchen konnten . . . Auf der rechten Wand in der Ecke bemerkte ich im Schatten ein großes, niedriges Bett, auf dem Bakunin lag. Liegend reichte er mir die Hände, erhob sich keuchend vom Bett und begann sich langsam anzukleiden. Ich sah mich um. An der Wand stand ein langer Tisch, mit Zeitungen, Büchern und Schreibzeug überhäuft. Daneben waren einfache, beinahe bis an die Zimmerdecke reichende Holzregale, ebenfalls mit allerlei Papieren vollgefüllt. In der Mitte des Zimmers, auf einem runden Tisch, ein Samowar, Gläser, Tabak, Zuckerstücke, Löffel . . . alles durcheinander. Die Stühle waren ganz ungeordnet, einige mit Zeitschriften oder

Büchern belegt, man konnte sich jedenfalls nicht setzen. – Bakunin war ungewöhnlich groß und massiv, sein Gesicht aufgedunsen, unter seinen hellgrauen Augen lagen dicke Wülste. Seinen mächtigen Kopf krönte eine hohe Stirn; am auffallendsten war jedoch sein halbergrauter, krauser Backenbart. Er kleidete sich keuchend an, und von Zeit zu Zeit starrte er auf mich. Beim Sprechen stieß er stark mit der Zunge an, da ihm viele Zähne fehlten. Als er sich bückte, um seine Stiefel anzuziehen, bemerkte ich, wie sein Atem stockte. Als er sich wieder aufrichtete, begann er sehr schwer zu keuchen. Der Atem ging ihm aus, sein aufgedunsenes Gesicht wurde blau. Dies alles wies darauf hin, daß seine Krankheit bereits in hohem Grade vorangeschritten war. Als er angezogen war, gingen wir auf die Terrasse. Bald kam der Briefträger mit einem ganzen Haufen von Zeitungen und Briefen, und Bakunin begann sie durchzublättern. Später erschien Saizew, und es ergab sich ein Gespräch über den Aufstand in Barcelona, der mit einem Mißerfolg endigte. Bakunin sagte, die Revolutionäre selbst trügen eine große Schuld am Mißlingen des Aufstandes. *Man hätte die Amtsgebäude in Brand stecken sollen! Das muß bei einem Aufstand der erste Schritt sein – und sie haben es nicht getan.* Er war ganz erregt.»[191]

Im Sommer 1874 wurde Antonia mit den Kindern zurückerwartet; sie wollte auch ihre Eltern mitbringen. Am 13. Juli trafen sie alle ein. Am selben Abend kam auch Cafiero von einer Reise aus Deutschland zurück. Er hatte inzwischen eine junge Russin geheiratet, die großen Einfluß auf ihn hatte und die gegen Bakunin voreingenommen war. Deshalb zeigte er sich äußerst wortkarg und ließ durchblicken, daß er mit Bakunin unzufrieden war.

Bakunin, sein Lebtag schlicht, wenn nicht schäbig gekleidet, hatte sich nun Anzüge schneidern lassen. Im Garten hatte er eine Dependance mit moderner Dampfheizung bauen lassen, deren Kessel er aus Paris bezogen hatte. Der Annex war als Herberge für verfolgte Revolutionäre gedacht. Er hatte eine Kutsche und Pferde angeschafft. Häufig waren Freunde und Besucher zu Gast, und wenn Debagorij-Mokrijewitsch berichtet, daß bei der ersten Besichtigung der Baronata durch Bakunin und ihn die Bewirtung recht frugal gewesen sei, «Brot und Käse und ziemlich schlechten, sauren Wein»[192], so war es wohl nicht immer dabei geblieben, wie man aus Bakunins «epikuräischer» Neigung erraten kann. Jedenfalls war von Cafieros Konto offenbar auf die Blanko-Vollmacht hin eine Menge Geld auch für nicht eindeutig revolutionäre Zwecke abgehoben worden, was den jungen, puritanischen Fanatiker empörte. Wahrscheinlich hatte dem zum erstenmal über Mittel verfügenden Bakunin, der nun endlich nicht mehr von der Hand in den Mund zu leben brauchte, sein kindlich unkontrolliertes Verhältnis zum Geld einen üblen Streich gespielt, zumal er Hoffnung hegen konnte, demnächst aus Rußland eine Erbschaft ausgezahlt zu erhalten.

Cafiero kündigte ihm nicht nur den Kredit, sondern kurzerhand auch das Wohnrecht in La Baronata. Er setzte ihn vor die Tür. Möglicherweise kann diese abrupte Reaktion schon als eines der ersten Anzeichen der Schizophrenie gelten, die ihn nach allerlei Nervenkrisen befiel. Der junge Marchese, der sich ursprünglich einmal der diplomatischen Laufbahn hatte widmen wollen, dann sich aber leidenschaftlich den revolutionären Sozialisten anschloß und zu Bakunins Vertrauten gehört hatte, nahm ein tragisches Ende. Nach Kerkerjahren in verschiedenen italienischen Gefängnissen verlor er den Verstand. 1883 fand man ihn völlig nackt im Februar auf den Feldern bei Fiesole, ein Gespenst seiner selbst. Nach zehn Jahren Aufenthalt in einer Irrenanstalt starb er unter furchtbaren Leiden an Eingeweide-Tuberkulose. Angeblich soll die Enttäuschung über Bakunins wenig asketisches Verhalten ihm einen solchen Schock verursacht haben, daß sein Nervensystem erschüttert wurde.

Für Bakunin war die kurze Zeit scheinbarer Geborgenheit schon zu Ende. Alt und krank stand er mit den Seinen abermals vor dem Nichts. Machten ihm die jungen Revolutionäre seine Müdigkeit zum Vorwurf? Aber zu Debagorij-Mokrijewitsch hatte er kurz vorher noch geäußert: *Unablässig müssen wir revolutionäre Versuche machen, selbst wenn wir uns einmal, zweimal, zehnmal, sogar zwanzigmal geschlagen haben und besiegt worden sind; doch wenn beim einundzwanzigstenmal das Volk uns zu Hilfe kommt und an unserer Revolution teilnimmt, werden wir für alle Opfer, die wir gebracht haben, belohnt sein.*[193]

Verzweiflung im Herzen reiste er nach Splügen und mietete im Hotel «Bodenhaus» ein Zimmer. Er verfaßte ein *Mémoire justificatif*, worin er erklärte, daß es *zu meinen Rechten und Pflichten gehört, mich in jede revolutionäre Bewegung zu werfen*, doch er deutet darin auch den Wunsch an, *inmitten eines großen revolutionären Sturmes zu sterben*[194].

Wie sehr er, auch vor dem Zerwürfnis mit Cafiero, bereits entmutigt war, geht aus einem Brief an Guillaume vom Anfang des für ihn so tragischen Jahres 1874 hervor: *Die Zeit der revolutionären Kämpfe ist vorüber. Eine Periode der Reaktion hat begonnen, deren Ende die gegenwärtige Generation wohl nicht mehr erleben wird . . . Es ist unnütz, das Unmögliche zu wollen. Man muß der Wirklichkeit ins Gesicht sehen und sich Rechenschaft darüber geben, daß die Volksmassen zur Zeit den Sozialismus gar nicht wollen.*[195]

Es mußte ihn noch mehr bedrücken, daß auch seine Freunde im Jura sich kritisch über ihn äußerten und daß sogar zwischen ihm und Guillaume eine gewisse Entfremdung eintrat.

Trotz allem Pessimismus scheint Bakunin aber (nach Nettlau) einer der Initiatoren des geplanten Aufstandes in Bologna gewesen zu sein. Wollte sich dem alten Barrikadenkämpfer noch einmal die Gelegenheit bieten, *einen revolutionären Versuch zu machen*? Handelte es sich für

Bologna. Stich von C. Frommel

ihn nur darum, *inmitten eines großen revolutionären Sturmes* den Tod zu suchen? Oder hatten junge italienische Revolutionäre, mit ihnen vielleicht Cafiero, den Plan gefaßt, ihn um der Sache willen zu opfern und ihn auf den Barrikaden fallen zu sehen, damit ihr ein weithin sichtbarer Märtyrer zuwüchse?

Daß er selbst an seinen Tod als ein mögliches Fanal für ganz Europa dachte, steht ziemlich außer Zweifel. Doch auch dieser letzte Triumph war ihm versagt. Zu scheitern war bis zuletzt sein Schicksal.

Ein Hauptfehler meiner Natur ist immer die Liebe zum Phantastischen gewesen, zu außerordentlichen, unerhörten Abenteuern, zu Unternehmungen, die neue, unbegrenzte Horizonte öffnen, und deren Ausgang niemand voraussehen kann. In einer gewöhnlichen und friedlichen Gesellschaft fühlte ich mich unglücklich und beengt. Die Menschen suchen gewöhnlich die Ruhe, die sie für ein höchstes Gut halten; mich aber brachte die Ruhe zur Verzweiflung. Meine Seele befand sich ständig in einem Zustand der Wallung, sie brauchte Aktivität, Bewegung, Leben. Ich hätte nicht in einer bürgerlichen, zivilisierten Gesellschaft geboren werden dürfen, sondern in den Urwäldern Amerikas bei den Siedlern des Far-West, dort, wo die Zivilisation noch in ihren Anfängen steht und wo das Leben ein unaufhörlicher Kampf gegen die wilde Natur ist. Oder wenn das Schicksal aus mir von früher Jugend an einen Seemann gemacht hätte, würde ich wahrscheinlich auch heute noch zu den geehrten Leuten gehören, ich hätte nicht an Politik gedacht und von keinen anderen Abenteuern und keinen anderen Stürmen geträumt als denen des Ozeans. Doch das Los hat nicht so entschieden, und mein Bedürfnis nach Bewegung und Aktion blieb ungestillt. Dieses Bedürfnis, zu dem sich in der Folge mein demokratischer Überschwang gesellte, ist ungefähr das einzige bewegende Prinzip meines Daseins gewesen. Und diesen Überschwang kann ich in wenigen Worten definieren: die Liebe zur Freiheit und ein wilder Haß gegen jede Unterdrückung, ein Haß, der um so stärker ist, wenn die Unterdrückung andere zermalmt und nicht mich selbst.[196] So hatte er fast ein Vierteljahrhundert vorher aus der Gruft seines russischen Kerkers geschrieben.

Ende Juli 1874 brach er von Splügen aus noch einmal zu einem Abenteuer auf, dem letzten, und kam am 30. Juli gegen Abend in Bologna an. Sehr siegesgewiß war er wahrscheinlich nicht. Er mietete sich unter dem Namen Signor Michele Fabrizzi, nach einer anderen Version als Signor Tamburini, im «Albergo del Sole», einem kleinen Gasthof in der Nähe des Stadthauses, ein.

Der Aufstand war nicht lokal geplant, er sollte sich über ganz Italien ausdehnen, die Marken, die Toscana und Apulien gleichzeitig mitreißen und nicht nur von Anarchisten, Jüngern Bakunins, getragen werden; er war mit den Mazzinisten abgesprochen, alle republikanischen Kräfte sollten diesmal Hand in Hand vorgehen. In der Emilia waren die Bakunisten zahlreich, darum sollte Bologna einer der Schwerpunkte werden und das Signal zum Losschlagen geben. Am 7. August klebte in vielen italienischen Städten ein Aufruf an den Mauern: «Abschaffung aller Privilegien, völlige Befreiung des Menschengeschlechtes, Kampf bis zum Tod!» – «Die erste Pflicht des Sklaven ist es, sich zu empören, die erste Pflicht des Soldaten, zu desertieren!» Im Arsenal von Bologna waren zwei Offiziere für die Sache gewonnen, die dem stürmenden Volk die Tore öffnen würden. Auf dem Marsch dorthin und zum Municipio mußten die Aufständischen am «Albergo del Sole» vorüberkommen; Bakunin sollte sich an ihre Spitze setzen, um vom Balkon des Stadthauses aus eine von ihm verfaßte Proklamation zu verlesen.

Doch schon Tage vorher waren in der Villa von Ercole Ruffi bei Rimini 28 Mazzinisten bei einer heimlichen Zusammenkunft verhaftet worden; auch bei Bologna waren einige wichtige Anführer, wohl auf Denunziation hin, der Polizei in die Hände gefallen. Es brachte die geplante Koordinierung durcheinander. Zwar sammelten sich in der Nacht vom 7. auf den 8. August vor den Toren Bolognas einige tausend Revolutionäre in zwei Trupps, Bauern aus der Umgebung, denen man Waffen gegeben hatte. Sie streiften durch die Wälder und warteten auf eine weitere starke Abteilung, Rebellen aus der Romagna, die von Imola heranzögen. Vereint sollten die drei Gruppen in die Stadt eindringen, das Arsenal plündern und das Stadthaus besetzen.

In Imola wartete Antonio Cornacchia, der Anführer der lokalen Aufständischen, vergeblich auf den Zuzug aus der Romagna. Es stellten sich nur etwa hundert Mann ein, die zudem schlecht bewaffnet waren. Dennoch setzte er sich mit ihnen in Marsch nach Bologna, stieß aber nach wenigen Kilometern schon auf Heeresdetachements und Carabinieri. Vierzig seiner Leute wurden gefangengenommen, die anderen zerstreuten sich. Die vor den Toren Bolognas vergeblich auf die Verstärkung Wartenden vergruben ihre Waffen, als der Morgen heraufdämmerte, und liefen auseinander, jeder in sein Dorf zurück.

Bakunin stand die Nacht über lauschend am Fenster seines Zimmers im «Albergo del Sole». Nichts regte sich in der Stadt. Die Turmuhren schlugen Stunde nach Stunde. Dann begannen die Hähne zu krähen. Auf der Gasse draußen wurde es hell.

Am Morgen kam ein junger Italiener (sein Freund Bellerio?) und meldete ihm, daß der Anschlag noch vor dem Beginnen gescheitert war. Bakunin wollte sich eine Kugel durch den Kopf schießen, weil es ihm nicht vergönnt war, inmitten eines Tumults zu sterben. Sein junger Freund hielt ihn nur mühsam davon ab.

Bis zum 12. August blieb Bakunin in Bologna und verließ die Stadt, mit Hilfe seiner Komplicen in einem Heuwagen versteckt. In einem Landhaus verkleidete er sich bei Freunden als Dorfgeistlichen, rasierte sich den Bart ab und setzte eine unkenntlich machende grüne Brille auf. So humpelte er auf einen Stock gestützt zum Bahnhof und bestieg den Personenzug nach der Schweiz. Er kehrte nach Splügen zurück. Vierzehn Tage blieb er dort. Einsam, krank, freundlos, vor der Zeit alt. Er zählte nun 60 Jahre.

Mit Cafiero hatte er noch einmal eine Zusammenkunft; der zeigte ihm jedoch auch weiterhin die kalte Schulter, lieh ihm aber schließlich fürs

Nötigste noch einmal Geld. Cafiero selbst hatte nun La Baronata bezogen und verkaufte sie schon nach kurzer Zeit.

Am 25. September 1874 nahm Bakunin in Neuchâtel an einer Sitzung der Jura-Föderation teil, um nun auch mündlich seinen Rücktritt zu erklären. Guillaume machte ihm Vorwürfe und bot ihm gleichzeitig eine Unterstützung von monatlich 300 Franken an, die Bakunin aber ausschlug.

Drei Tage später notiert er in seinem Tagebuch: *Begegnung mit «Freunden». J.* (James) *immer noch kalt, C.* (Cafiero?) *immer noch dumm. Völliger Bruch.*[197]

Am 11. November 1874 schrieb er an Ogarjow: *«Du hast abgeläutet, also herunter vom Glockenturm!» Ich, alter Freund, hab mich auch und diesmal endgültig von jeder praktischen Tätigkeit, von jeder Beziehung zu praktischen Unternehmungen zurückgezogen. Erstens, weil die jetzige Zeit zu solchen Unternehmungen entschieden unbequem ist. Der Bismarckianismus, d. h. der Militarismus, die Polizeiwirtschaft und die Finanzmonopole, vereinigt in einem System, das den Namen des neuen Staatstums trägt, siegen überall. Vielleicht werden zehn oder fünfzehn Jahre vergehen, in welchen diese mächtige und wissenschaftliche Verleugnung der ganzen Menschheit siegreich sein wird . . . Ich aber fühle, daß ich nicht zu neuem Kampf tauge und darum habe ich meine Entlassung genommen, ohne abzuwarten, daß ein kecker Gil Blas mir sagt: «Plus d'homélies, Monseigneur.»*[198] *Mit meiner Gesundheit wird es immer schlimmer und schlimmer, so daß ich zu neuen revolutionären Versuchen und Zänkereien ganz unfähig geworden bin. Infolgedessen habe ich mich in die Familie zurückgezogen, die aus Sibirien zurückgekommen ist, und wir leben alle zusammen nicht in Locarno, sondern in Lugano.*[199]

In der Tat hatte er in Lugano auf Kredit die Villa Besso gekauft, die zwischen Lugano und Castiglione liegt. Er legte experimentelle Obstkulturen an.

Übrigens lebe ich nicht mit gefalteten Händen, schrieb er im selben Brief, *sondern ich arbeite viel. Erstens schreibe ich meine Memoiren und zweitens bereite ich mich vor, sollten die Kräfte ausreichen, mein letztes ausführliches Wort über meine tiefsten Überzeugungen zu schreiben. Ich lese viel . . . Genug des Lehrens, wir wollen jetzt, Freund, in unseren alten Tagen wieder mit Lernen beginnen, das ist auch lustiger.*[200]

Er las unter anderem Kulturgeschichtliches und Schopenhauers «Welt als Wille und Vorstellung». Um seinen Anteil am väterlichen Erbe flüssig zu machen, reiste seine Schwägerin nach Rußland zu den Brüdern. Die Sache zog sich aber in die Länge, und inzwischen wirtschaftete Michail nach alter Gewohnheit darauflos. Mit den jungen italienischen Revolutionären um Cafiero hatte er keinen Kontakt mehr. Dagegen verkehrte er in der Familie seines Freundes Bellerio, die ihm benachbart wohnte. Der alte Bellerio, Republikaner und einstiger Anhänger Mazzinis, gab einen interessierten Gesprächspartner ab, mit dem sich disputieren ließ. Die Söhne waren Bakuninisten, zu den Frauen hatte er ein herzliches Verhältnis. Er hatte sich noch immer seinen alten Humor bewahrt, wenn er auch schrieb: *Der einzige Trost, der uns noch bleibt, ist das Bewußtsein, bald den Tod kommen zu sehen.*[201]

Die Schwägerin kehrte ohne das erhoffte Ergebnis aus Rußland zurück. Immerhin schickten die Brüder ihm eine Anzahlung auf seinen Anteil am Erlös eines Waldgrundstücks, das sie verkauft hatten. Da aber die Schweizer Behörden wegen seines Aufenthalts in Lugano Schwierigkeiten zu machen begannen, trug er sich mit dem Gedanken, die Villa Besso aufzugeben und nach Neapel überzusiedeln. Dort lebte Gambuzzi, der Vater von Antonias Kindern, mit dem sie nach Michails Tod die Ehe einging.

Bakunin zog auch unter alte Freundschaften den Strich. An den einstigen Gefährten aller Tage Armand Ross (M. P. Saschin) schrieb er am 21. Oktober 1874: *Ich erhielt Deinen Brief. Betreffs Freundschaft, mein R-s, reden wir nicht mehr davon. Nach all den Umtrieben gegen mich – ich kenne sie jetzt in allen Einzelheiten – uns noch Freunde zu nennen, wäre von seiten eines jeden von uns gräßlich verlogen. Du tatest alles, was in Deiner Macht stand, um mich physisch, moralisch und sozial umzubringen und dabei bis zum Schluß so zu tun, als seist Du mein Freund, und wenn es Dir nicht gelang, so lag es nicht an Dir. Der scharfsinnige und kluge Cafiero war nur ein Werkzeug in Deiner Hand, Du warst davon der Einbläser. Ich möchte gern glauben, daß Du Dich selbst täuschtest, als Du die Eingebungen Deines ungeduldigen und wirklich zu maßlosen Ehrgeizes für Hingabe an die Sache hieltest. Es läßt sich nicht leugnen – Du mußt es Dir zum mindesten eingestehen – daß Du mir gegenüber wie der ärgste meiner Feinde gehandelt hast. Und dennoch will ich weiterhin an Deine Ergebenheit für die russische Sache glauben und Dich für fähig halten, ihr zu dienen; darum und auf diesem Gebiet bin ich stets bereit, Dir die Hand zu reichen . . . Gestatte, dem alten Mann, der ich bin, Dir einige wahre Worte zu sagen, die wahrscheinlich die letzten sein werden. Arbeite an Dir selbst, um in den Beziehungen zu den neuen Menschen, mit denen Dich zu verbinden Du nützlich und möglich finden wirst, alle Wahrhaftigkeit, alle Aufrichtigkeit und alle Anhänglichkeit, deren Deine wenig verschwenderische Natur fähig ist, einzubringen.*[202] Es folgt dann die früher bereits von uns zitierte Warnung vor der *jesuitischen Lüge* und die Mahnung, *daß die Revolution niemals siegreich sein wird, wenn sie zum Ziel nicht ein hohes, menschliches, wohlverstandenes Ideal* habe.

BAKUNINS ENDE (1875–1876)

Nach der Trennung vom engsten Kreis seiner einstigen Getreuen bleiben ihm noch einige Freunde, so der Geograph Élisée Reclus, der beim Zusammenbruch der Pariser Commune zur Deportation verurteilt und zu Verbannung begnadigt worden war, «ein Anarchist, dessen Anarchismus nur folgerechter Ausfluß seiner weiten und tiefen Kenntnis der Formen menschlichen Lebens auf allen Stufen der Gesittung» war, wie Kropotkin über ihn urteilen wird.[203] An ihn wendet sich Bakunin mit der Bitte, die sprachliche Durchsicht der französischen Manuskripte seiner Memoiren und eines letzten, zusammenfassenden Werkes, die er geplant hat, zu übernehmen. Reclus hatte eine Zeitlang in Lugano in seiner Nähe gelebt, es aber wegen der Erziehung seiner Töchter mit Genf vertauscht.

Am 15. Februar 1875 schrieb Bakunin ihm: *Mein sehr lieber Freund! Ich danke Dir sehr für Deine guten Worte. Ich zweifle nie an Deiner Freundschaft, ein solches Gefühl ist immer gegenseitig, und ich beurteile Dein Gefühl nach dem meinigen. – Ja, Du hast Recht, die Revolution ist für den Augenblick in ihr Bett zurückgetreten, wir fallen in die Periode der Evolution zurück, das heißt in die der unterirdischen, unsichtbaren und oft selbst unfühlbaren Revolution . . . Ich stimme mit Dir überein zu sagen, daß die Stunde der Revolution vorüber ist, nicht wegen des schrecklichen Unheils, dessen Zeugen wir waren, und der furchtbaren Niederlagen, deren mehr oder weniger schuldige Opfer wir waren, sondern weil ich zu meiner großen Verzweiflung konstatiert habe und täglich von neuem konstatiere, daß der revolutionäre Gedanke, die revolutionäre Hoffnung und Leidenschaft in den Massen sich absolut nicht vorfinden, und wenn sie fehlen, kann man sich die größte Mühe geben, man wird nichts ausrichten . . . Eine mich zur Stunde beherrschende Leidenschaft ist eine ungeheuere Neugier. – Seit ich einmal erkennen mußte, daß das Böse gesiegt hat und daß ich es nicht verhindern kann, machte ich mich daran, dessen Evolutionen und Entwicklungen mit quasi-wissenschaftlicher, ganz und gar objektiver Leidenschaft zu studieren . . . Arme Menschheit! Es ist augenscheinlich, daß sie aus dieser Kloake nur durch eine ungeheuere soziale Revolution herauskann. Aber wie wird sie diese Revolution machen? . . . Es bleibt noch eine andere Hoffnung: der Weltkrieg. – Diese ungeheueren Militärstaaten werden sich früher oder später gegenseitig zerstören und auffressen müssen. – Aber welche Perspektive!*[204]

Zu dem großen geplanten Werk *L'État de mes idées* [*Der Stand meiner Ideen*] kam er nicht mehr. «Wie Bakunins Leben ein tragischer Torso gewesen ist, wie er vom Unglück verfolgt wurde und Mißerfolge auf Mißerfolge erlebte, wie seine Existenz zusammenbrach, so sind auch alle literarischen Pläne in Ansätzen haftengeblieben» (Kurt Kersten)[205]. Als sein Freund Reichel es bedauerte, daß er seine Memoiren nicht fortgesetzt habe, von denen nur wenige Seiten niedergeschrieben wurden, erwiderte er: *Für wen willst Du, daß ich sie hätte schreiben sollen? Es ist nicht der Mühe wert, den Mund zu öffnen. Heute haben die Völker aller Nationen den Instinkt* (die Initiative) *der Revolution verloren. Sie sind alle mit ihrer Lage sehr zufrieden, und die Furcht, das, was sie haben, noch zu verlieren, macht sie inoffensiv und untätig. Nein, wenn ich noch ein bißchen Gesundheit wiederfinde, möchte ich eine auf die Prinzipien des Kollektivismus gegründete Ethik schreiben, ohne philosophische oder religiöse Phrasen.*[206]

Da war aber seine Krankheit so weit schon vorgeschritten, daß er sich in Behandlung nach Bern gegeben hatte. Bei seiner Abreise fuhr Antonia nach Neapel, um dort eine Wohnung zu besorgen.

«Bakunin reiste zum letztenmal über den Gotthard nach Bern, begleitet und gepflegt von dem jungen Italiener Sant'Andrea, einem Arbeiter. Als sie die Teufelsbrücke passierten, machte Bakunin eine lachende Bemerkung über die ihm sympathischste Person der Bibel, die Verkörperung des Prinzips der Empörung, den Teufel. Ein in der Diligence sitzender Pfaffe nahm Anstoß daran, und es entstand zwischen den beiden eine lange Diskussion über Gott und Teufel, Religion und Metaphysik, in welcher der todkranke Bakunin noch einmal mit den immer noch frischen Waffen seines Geistes die ewige Lüge niederkämpfte und den Pfaffen, der wohl nicht ahnte, an wen er geraten war, mit seiner Theologie in kleine Stücke schlug. Hoffen wir, daß dieser Kampf, der sein letzter war, ihn momentan seine Schmerzen vergessen ließ», schließt sein ausführlicher Biograph Max Nettlau diese Anekdote.

In Bern suchte Bakunin die Privatklinik seines Freundes Professor Dr. Adolf Vogt auf, die Mattenhofer Klinik, wo ihm ein Zimmer eingeräumt wurde. Auf sein Verlangen schenkte ihm der Arzt über seinen Zustand reinen Wein ein, und dieser Zustand ließ wenig Hoffnung. Bakunin litt an einer Blasenlähmung mit beständigem Harnträufeln, an einer akuten Nierenentzündung und an Wassersucht.

Noch einmal besuchte er seinen alten Freund Adolf Reichel, der in Bern Musikdirektor war. Wieder ließ er sich etwas vorspielen. Früher hatte er manchmal vier bis fünf Stunden dem Musizieren gelauscht. «Er stand am Ofen gelehnt, konnte sich nicht mehr setzen, hörte dem Trio von Reichels Kindern zu. Aber er mußte unterbrechen. Er sagte: ‹Ich kann nicht mehr.› Er ging in die Klinik zurück und verließ sie nicht mehr lebend.»[207]

Nach wenigen Tagen schon umnebelte sich sein Geist, und er verharrte meist in einem Dämmerzustand, in dem er öfters lange phantasierte. Bei Besuch erwacht er «und spricht mit dem ihm eigentümlichen Humor und der gewohnten Schärfe des Geistes, als ob er gar nicht krank wäre»[208]. Er diktiert mit sehr deutlicher Stimme Frau Reichel noch einen Brief an seine Frau. Reichel berichtet: «Im großen und ganzen schien er mir lebensmüde. Sein Urteil über die heutige Welt war richtig, und da er fühlte, daß das für seine Art Arbeit nötige Material ihm fehlte, schloß er ohne Bedauern die Augen.»[209]

Am Samstag, dem 1. Juli 1876, um 11 Uhr 56, starb Michail Alexandrowitsch Bakunin. Kurz vorher hatte er auf russisch leise gesagt: *Ich habe nichts mehr nötig . . . Ich habe mein Lied zu Ende gesungen.*[210] An seinem Bett saß der behandelnde Arzt Dr. Adolf Vogt und der Freund seines ganzen Lebens, der unpolitische Musiker Adolf Reichel.

Antonia Bakunin kam auf ein Telegramm hin nach Bern, fand ihn aber nicht mehr am Leben. An Gambuzzi schrieb Reichel am 6. Juli 1876: «Eine Stunde nach dem Tod fand ich ihn gewaschen und bekleidet und war frappiert von der Schönheit seiner Züge, auf denen grandiose Ruhe lag.»[211]

Begraben liegt Bakunin auf dem Friedhof Bremgarten in Bern. Als das Grab nach neunzig Jahren planiert werden sollte, hat der Werbefachmann Paul Gredinger die Konzession für weitere fünfzig Jahre geregelt (1966), so daß man auf dem Granitblock auch weiterhin die lateinischen Buchstaben und die Jahreszahlen lesen kann:

MICHEL BAKUNIN
1814–1876

Bakunins Grab in Bern

Seien wir Sozialisten, aber werden wir nie Herdenvölker. Suchen wir die Gerechtigkeit, die ganze politische, ökonomische und soziale Gerechtigkeit nur auf dem Wege der Freiheit. Es kann nichts Lebendiges und Menschliches außerhalb der Freiheit geben, und ein Sozialismus, der sie aus seiner Mitte verstößt oder der sie nicht als das einzige schöpferische Prinzip und als Grundlage akzeptiert, würde uns ganz direkt zur Sklaverei und zur Bestialität zurückführen[212], hatte Bakunin in seinem Brief vom April 1868 an die Zeitung «La Démocratie» (Genf) geschrieben. Man kann in diesen Sätzen die Quintessenz seiner Botschaft sehen. Entsprechend galt sein Kampf den drei großen Entmündigern der Menschheit und alten Herrschaftsorganen – dem Staat, dem Kapitalismus und der Religion. Statt dem Staat: die freie Föderierung von unten nach oben, statt dem Kapitalismus: ein Kollektivismus der Produzenten (nicht aber der kommunistische Staatsmonopolkapitalismus), statt der Religion: auf keinen Fall den Despotismus einer offiziellen Doktrin (und nenne sie sich «sozialistisch»), denn jede absolute Theorie *wird nie verfehlen, in praktischen Despotismus und Ausbeutung umzuschlagen*[213].

Nach Bakunins revolutionsgläubiger Ansicht ist eine *qualitative Änderung* der bestehenden Ordnung nur möglich durch die *radikale und unerbittliche Zerstörung der gegenwärtigen sozialen Welt, in ökonomischer wie in religiöser, metaphysischer, politischer, juridischer und bürgerlicher Hinsicht*[214].

Ein Paktieren mit den vorhandenen Institutionen war für ihn in seiner echt slawischen Unbedingtheit nicht denkbar; daher seine kompromißlose Ablehnung einer Teilnahme an der Politik und an parlamentarischer Betätigung. Reformen hielt er für sinnlos, da nur eine grundlegende Änderung durch die totale soziale Revolution sein einziges, mit Leidenschaft immer wieder angesteuertes Ziel war. Doch die Revolution soll durch das Volk gemacht werden, durch Selbstbefreiung der Massen, nicht durch die revolutionäre «Elite». Die winzige Minderheit der «internationalen Brüder», der Mitglieder seiner Geheimgesellschaft, soll dabei nur Geburtshilfe leisten. *Als unsichtbare Lotsen im Volkssturm müssen wir ihn leiten, nicht durch eine sichtbare Macht, sondern durch die kollektive Diktatur aller Glieder der Allianz. Eine Diktatur ohne Schärpe, ohne Titel, ohne offizielles Recht, die desto mächtiger ist, weil sie keinen Anschein der Macht hat. Dies ist die einzige Diktatur, die ich zulasse*[215], schrieb er an das französische Mitglied der Internationale Albert Richard am 1. April 1870, zu einem Zeitpunkt also, an dem er unter dem Einfluß Netschajews stand und eine revolutionäre Diktatur (wie schon einst in Prag) nicht ausschloß.

Ein Jahr darauf aber schränkte er wieder ein: *Im Augenblick der*

Aktion und des Kampfes gibt es eine natürliche, den Fähigkeiten jedes Einzelnen entsprechende Aufteilung der Rollen durch das kollektive Ganze: Einige leiten und befehlen, andere führen Befehle aus. Niemand darf jedoch auf längere Zeit oder gar unwiderruflich mit derselben Funktion betraut bleiben. Eine hierarchische Ordnung und Beförderungen gibt es nicht, der Befehlshaber von gestern kann schon morgen Untergebener sein. Niemand erhebt sich über den anderen, oder wenn er dies tut, dann nur, um im nächsten Augenblick zurückzufallen, wie die Wogen der See sich immer wieder auf dem heilsamen Niveau der Gleichheit einebnen.[216]

Diese utopisch klingenden Lehren wurden in den anarcho-syndikalistischen Zusammenschlüssen zum Beispiel in Spanien realiter praktiziert, bei denen es keine hauptamtlichen Funktionäre gab, aber ganz nach dem Muster von Bakunins Allianz eine Massenbewegung mit hartem revolutionärem Kern. Noch auf dem Gewerkschaftskongreß von 1910, auf dem in Sevilla die «Confederación Nacional del Trabajo» (C. N. T.) [Nationale Konföderation der Arbeit] gegründet wurde, kam es zu der Erklärung: «Die Arbeiter können sich nicht frei fühlen, so lange sie sich nicht von den Befreiern oder Führern frei gemacht haben, deren Ziel darin besteht, nach der Vernichtung der alten Ordnung eine neue Gesellschaft zu organisieren, in der sie selbst die Privilegierten sein werden.»[217] Die C. N. T. befolgte auch darin Bakunins Lehre, daß sie nicht nur die Industriearbeiter vor allem der katalanischen Städte, sondern gleichermaßen auch die proletarische Landbevölkerung der Süd-Provinzen umschloß, denn Bakunin war bekanntlich gegen die Fetischisierung des Industriearbeiters, wie sie nach der Marxschen Theorie von den Marxisten geübt wird. Im Juli 1927 kam es auf einem geheimen Kongreß in Valencia innerhalb der C. N. T. zur Bildung der «Federación Anarquista Iberica» (F. A. I.) [Iberische anarchistische Föderation], die sich die Vorbereitung der Revolution in Bakunins Sinn zum Ziel setzte. Die zahlenmäßig zunächst sehr viel unbedeutendere marxistisch-kommunistische Partei Spaniens strebte angesichts des anhaltenden Erfolgs der Bakuninschen Richtung beharrlich nach deren Liquidierung, und zu Anfang der zwanziger Jahre schwor Joaquín Maurín: Joaquin Maurín: «Die endgültige Ausrottung des Anarchismus in einem Land, dessen Arbeiterbewegung ein halbes Jahrhundert anarchistischer Propaganda in sich trägt, ist zwar eine schwere Aufgabe, doch wir werden sie lösen.»[218] Es gelang erst mit russischer Unterstützung während des spanischen Bürgerkriegs, in dem die Anarchisten anfangs im Bund mit den Republikanern die weit gewichtigere Rolle gespielt hatten. In den von ihnen kontrollierten Gebieten waren sie zur Kollektivisierung geschritten, die sich trotz der erschwerenden Kriegsbedingungen erfolgreich anließ, bis die Kommunistische Partei allen solchen Versuchen gewaltsam ein Ende setzte. Immerhin scheint in Katalonien das utopische Wirtschaftsmodell der Anar-

Errico Malatesta

chisten eine Zeitlang Wirklichkeit geworden zu sein.

Ähnliche Tragödien eines Bruderzwistes wie in Spanien haben sich bekanntlich auch während der russischen Revolution abgespielt, wo Lenin und Trotzki alle Versuche eines freiheitlichen Sozialismus mit Stumpf und Stiel auszumerzen wußten.

Unmittelbar war Bakunins Wirkung auch auf die italienische Arbeiterbewegung; in Italien gab es bis zu ihrer Vernichtung durch Mussolini eine anarcho-syndikalistische Massenbewegung, zu deren Initiatoren so markante Persönlichkeiten wie der Bakunin-Schüler Errico Malatesta gehörten. Dessen Tätigkeit erstreckte sich bis nach Lateinamerika, wo gleichfalls anarchistische Syndikate entstanden.

In Frankreich überwog jahrzehntelang eine antiautoritäre Strömung den marxistischen Einfluß; sie ging freilich in erster Linie auf Proudhonsches Erbe zurück, aber gleich Bakunin betonte auch sie den ökonomischen statt den politischen Kampf und plädierte für die Aufhebung des Staates nach der Revolution. Noch ein Jean Jaurès, der große französische Sozialist, meinte: «Der Sozialismus oder Kollektivismus kann als Ganzes bei Marx nicht gefunden werden. In Frankreich ist er ... die extremste, logischste, demokratischste Formel der Französischen Revolution ... Das Große am Sozialismus ist, daß er nicht das Regime einer Minderheit sein wird. Er kann und darf also nicht durch eine Minderheit aufgezwungen werden.»[219] Auch in der französischen Gewerkschaftsbewegung herrschten die syndikalistischen Theorien vor: Nach der sozialen Revolution sollen die Syndikate die Basis für die Organisation einer freien und klassenlosen Gesellschaft bilden und damit den Staat überflüssig machen. Wie Bakunin verfochten die Syndikalisten die «Idee der direkten Aktion».

Die Theorie der direkten Aktion, die bei Bakunin oft auf seine «revolutionäre Ungeduld» zurückgeht, hat auch die Vorstellung von der «Propaganda durch die Tat» hervorgebracht, wenn auch die Formulierung selbst erst nach seinem Tod gebildet wurde. Gerade diese Vorstellung hat viel Verwirrung gestiftet. Zweifellos ist sie mit dem Netschajewismus verwandt, durch den Bakunin sich während zweier Jahre verhängnisvoll beeindrucken ließ. In seinen (und Netschajews) Schriften aus dieser Epoche haben spätere terroristische Verfechter der «Propaganda durch die Tat» ihre Argumente geschöpft. Die zahllosen Attentate in den achtziger und neunziger Jahren des vergangenen Jahrhunderts beriefen sich auf sie. Schließlich hat sie zum «Illegalismus» und zur politischen Kriminalität geführt und für ein breites Publikum den Begriff Anarchismus mit Bombenterror identisch werden lassen, zumal immer wieder desparate Einzelne für Schreckenstaten das anarchistische Etikett beansprucht haben.

Fest steht, daß Bakunin, der Begründer des Anarcho-Sozialismus, sich wieder auf seinen Humanismus besann, den er emanzipatorisch und gesellschaftlich begriffen hat. *Nur in der Gesellschaft und nur durch die gemeinsame Tätigkeit der ganzen Gesellschaft wird der Mensch zum Menschen, kommt er zum Bewußtsein sowohl als auch zur Verwirklichung seines Menschentums; nur durch die gemeinsame und soziale Arbeit ... befreit er sich vom Joch der äußeren Natur; ohne diese materielle Befreiung kann es für niemand eine geistige und moralische geben. Nur durch Erziehung und Bildung kann er sich vom Joche seiner eigenen Natur freimachen, nur durch sie kann er die Triebe und Regungen seines eigenen Körpers seinem mehr oder weniger entwickelten Geiste unterwerfen; sowohl die eine als auch die andere sind im höchsten Grade ausschließlich soziale Angelegenheiten ... Die Freiheit jedes Menschen ist also nichts anderes als die Spiegelung seines Menschentums oder seiner Menschenrechte im Bewußtsein aller freien Menschen, seiner Brüder, seiner Genossen.*[220]

М. Бакунинъ

ANMERKUNGEN

1 *Beichte aus der Peter-Pauls-Festung an Zar Nikolaus I.* Mit Autorisation des Herausgebers der russischen Originalausgabe W. Polonski in deutscher Sprache veröffentlicht von Kurt Kersten. Vorwort v. W. Polonski. Berlin 1926 – Neuausgabe: Frankfurt a. M. 1973
2 *L'Histoire de ma vie (Fragment de l'autobiographie)* Partie I 1815–1840. Trad. du russe par M. Stromberg. In: «La Revue socialiste», 28. November 1898 [Übers. d. A.]
3 Ebd.
4 Ebd.
5 Ricarda Huch: «Michel Bakunin und die Anarchie». Leipzig 1923
6 Zit. bei Rudolf Krämer-Badoni: «Anarchismus. Geschichte und Gegenwart einer Utopie». Wien–München–Zürich 1970
7 *L'Histoire de ma vie,* a. a. O.
8 Brief von 1837 an den Vater. Zit. bei Fritz Brupbacher: «Bakounine ou le démon de la révolte, avec annotations et trois études par Jean Barrué». Paris 1971
9 *L'Histoire de ma vie,* a. a. O.
10 Ebd.
11 Brief . . ., zit. bei Brupbacher, a. a. O.
12 Ebd.
13 Alexander Herzen: «Mein Leben». 3 Bde. Berlin 1962–1963
14 Zit. bei Huch, a. a. O.
15 Brief vom 7. Mai 1835. Zit. bei Brupbacher, a. a. O.
16 Zit. bei Huch, a. a. O.
17 Zit. von Barrué, s. Brupbacher, a. a. O.
18 Michail Dragomanow in Vorwort zu: «Correspondance de M. Bakounine». Paris 1896
19 Brief vom 29. Februar 1836. Zit. bei Brupbacher, a. a. O.
20 Zit. bei Huch, a. a. O.
21 Brief aus dem Jahre 1836. Zit. bei Brupbacher, a. a. O.
22 *Beichte . . .,* a. a. O.
23 Zit. bei Benoît H. Hepner: «Bakounine et le panslavisme révolutionnaire». Paris 1950
24 *Die Reaktion in Deutschland.* Neudruck in: *Philosophie der Tat.* Köln 1968
25 Ebd.
26 *Beichte . . .,* a. a. O.
27 *Die Reaktion in Deutschland,* a. a. O.
28 Ebd.
29 Zit. bei Huch, a. a. O.
30 *Beichte . . .,* a. a. O.
31 In «Schweizerischer Republikaner» (Zürich) vom 13. Juni 1843. Zit. bei Brupbacher [Übers. d. A.]
32 Ebd.
33 Ebd.
34 Ebd.
35 In den «Deklassierten» sieht Bakunin eine aktive revolutionäre Kraft.
36 Nicht zu verwechseln mit Johann Philipp Becker aus dem Umkreis von Karl Marx und Mitglied der späteren «Internationalen Arbeiter-Assoziation».

37 Karl Follen, Dichter und Politiker, als Privatdozent in Gießen Führer der radikalen Burschenschaft, seit 1819 Emigrant.
38 Bluntschlis Broschüre war ein Regierungskommissionsgutachten: «Über die Kommunisten in der Schweiz».
39 Weitling wurde nach Deutschland ausgeliefert, dort aber bald freigelassen.
40 Zit. bei Huch, a. a. O.
41 Brief an Reinhold Solger in Bern. Zit. bei Huch, a. a. O.
42 Zit. bei Jean Barrué: «Bakounine et les Annales franco-allemandes». In: Brupbacher, a. a. O.
43 Dragomanow, a. a. O.
44 Zit. bei Huch, a. a. O.
45 *Gesammelte Werke* Bd. 3. Hg. und übers. von Max Nettlau. Berlin 1921–1924. (Die angeführte Stelle entstand im Winter 1871/72.)
46 Brief an Pawel W. Annenkow vom 28. Dezember 1847. Zit. bei Dragomanow, a. a. O.
47 *Gesammelte Werke*, a. a. O.
48 Zit. von James Guillaume in: *Gesammelte Werke* Bd. 2. Berlin 1921–1924
49 *Staatlichkeit und Anarchie*. Hg. von Horst Stuke. Frankfurt a. M.–Berlin–Wien 1972
50 *Beichte* . . ., a. a. O.
51 Zit. bei Huch, a. a. O.
52 *Gesammelte Werke* Bd. 3, a. a. O.
53 Brief an Annenkow vom 28. Dezember 1847. Zit. bei Dragomanow, a. a. O.
54 *Gesammelte Werke*, a. a. O.
55 *Beichte* . . ., a. a. O.
56 Ebd.
57 Brief an Georg Herwegh vom 4. August 1848
58 Dragomanow, a. a. O.
59 Brupbacher, a. a. O.
60 *Beichte* . . ., a. a. O.
61 Zit. bei Huch, a. a. O.
62 Zit. bei Brupbacher, a. a. O.
63 Richard Wagner: «Mein Leben». Hg. von Martin Gregor-Dellin. München 1963
64 Ebd.
65 Ebd.
66 Max Nettlau: «Michael Bakunin. Eine Biographie». [Autokopie.] Bd. 1. London 1896–1900
67 Wagner, a. a. O.
68 Ebd.
69 Nettlau, a. a. O.
70 Karl Marx: «Revolution und Gegenrevolution in Deutschland»
71 Wagner, a. a. O.
72 Ebd.
73 Ebd.
74 Nettlau, a. a. O.
75 Ebd.
76 Ebd.
77 Zit. bei Huch, a. a. O.
78 Ebd.

79 Brief an Herzen vom 8. Dezember 1860. Zit. bei Dragomanow, a. a. O.
80 Ebd.
81 Zit. von Polonski im Vorwort zu *Beichte* . . ., a. a. O.
82 Ebd.
83 Richard Wagner: «Das Kunstwerk der Zukunft» (1850)
84 Brief an Herzen vom 8. Dezember 1860. Zit. bei Dragomanow, a. a. O.
85 *Gott und der Staat.* Hg. von Susanne Hillmann. Reinbek 1969 (= Rowohlts Klassiker. 240/241/242)
86 Zit. von Barrué, s. Brupbacher, a. a. O.
87 Brief an Herzen vom 8. Dezember 1860. Zit. bei Dragomanow, a. a. O.
88 Ebd.
89 Ebd.
90 Ebd.
91 Ebd.
92 Barrué, s. Brupbacher, a. a. O.
93 Zit. bei Huch, a. a. O.
94 Ebd.
95 Dragomanow, a. a. O.
96 Ebd.
97 Herzen, a. a. O., Bd. 3
98 Dragomanow, a. a. O.
99 Ebd.
100 Ebd.
101 Ebd.
102 Ebd.
103 Edmond und Jules de Goncourt: «Journal 1851–96» Bd. 2. Paris 1956
104 Dragomanow, a. a. O.
105 Ebd.
106 Zit. von Barrué, s. Brupbacher, a. a. O. [Übers. d. A.]
107 Barrué, s. Brupbacher, a. a. O.
108 *La Théologie politique de Mazzini.* 1872
109 Rainer Beer im Vorwort zu *Philosophie der Tat*, a. a. O.
110 Daniel Guérin: «Ni Dieu ni maître» Bd. 1. Paris 1970
111 *Staatlichkeit und Anarchie*, a. a. O.
112 Ebd.
113 Ebd.
114 Zit. bei Brupbacher, a. a. O.
115 Ebd.
116 Max Nettlau: «Marx und Bakunin». Berlin o. J.
117 Dragomanow, a. a. O.
118 Zit. bei Emilio R. Papa: «Storia dei sovversivi italiani». Mailand 1968
119 Brief vom 19. Juli 1866. Zit. bei Dragomanow, a. a. O.
120 In «Alpenrosen», Jg. 1868, zit. von Barrué, s. Brupbacher, a. a. O. [Übers. d. A.]
121 James Guillaume: «L'Internationale. Documents et souvenirs (1864–1878)» Bd. 1. Paris 1905
122 Zit. bei Rolf R. Bigler: «Der libertäre Sozialismus in der Westschweiz». Köln 1963
123 Guillaume, a. a. O.
124 Zit. bei Papa, a. a. O.
125 Barrué, s. Brupbacher, a. a. O.

126 Zit. bei George Woodcock: «Anarchism». London 1963
127 Dragomanow, a. a. O.
128 *Gesammelte Werke* Bd. 2; *Drei Vorträge.* Neudruck in: *Staatlichkeit und Anarchie,* a. a. O.
129 Brief vom 22. Juni 1867. Zit. bei Dragomanow, a. a. O.
130 Brief vom 19. Juli 1866; ebd.
131 Brief vom 22. Juni 1867; ebd.
132 Zit. nach Dmitrij Tschiżewskij: «Rußland zwischen Ost und West. Russische Geistesgeschichte II. 18.–20. Jahrhundert». Reinbek 1961 (= rowohlts deutsche enzyklopädie. 122)
133 Zit. bei Nettlau, «Michael Bakunin», a. a. O.
134 Brief vom 2. November 1872; ebd.
135 Zit. von Barrué: «Bakounine et Netchaiew». In: Brupbacher, a. a. O. (nach J. Langhard: «Die anarchistische Bewegung in der Schweiz von ihren Anfängen bis zur Gegenwart und die internationalen Führer.» Berlin 1903)
136 Barrué, a. a. O. In: Brupbacher, a. a. O.
137 *Beichte . . .,* a. a. O.
138 Zit. bei Brupbacher, a. a. O.
139 «Der Inhaber dieses Ausweises ist von der russischen Sektion der revolutionären allgemeinen Allianz mit allen Vollmachten delegiert – Nr. 2771»
140 Brief vom 2. Oktober 1869. Zit. bei Dragomanow, a. a. O.
141 I. W. Bienstock: «Geschichte der revolutionären Bewegung in Rußland». Paris 1920. Zit. bei Barrué, s. Brupbacher, a. a. O.
142 Brief vom 16. Dezember 1869. Zit. bei Nettlau, a. a. O., Bd. 2
143 Ebd.
144 Brief vom 14. Juni 1869. Zit. bei Dragomanow, a. a. O.
145 Brief vom 24. Juli 1869; ebd.
146 Ebd.
147 Ebd.
148 Ebd.
149 Karl Marx und Friedrich Engels: «Ein Komplott gegen die Internationale Arbeiterassoziation». MEW Bd. 18. Berlin 1962
150 Horst Bienek: «Bakunin, eine Invention». München 1970
151 Zit. von Barrué, s. Brupbacher, a. a. O.
152 Brief vom 2. November 1872. Zit. bei Dragomanow, a. a. O.
153 Bienstock, a. a. O. Zit. bei Barrué, s. Brupbacher, a. a. O.
154 Die Affäre Netschajew diente bekanntlich Dostojevskij in dem Roman «Die Dämonen» zum Thema. «Literarische Schilderungen der Revolutionäre bezeugen jedoch meist keine wirkliche Kenntnis des ‹Untergrundes›.» (Tschiżewskij, a. a. O.)
155 Brief vom 21. Oktober 1874. Zit. bei Dragomanow, a. a. O.
156 James Guillaume: «Bakounine». Paris 1902. Zit. bei Guérin, a. a. O.
157 *Lettres à un Français,* zit. bei Barrué, a. a. O.
158 Dragomanow, a. a. O.
159 Zit. bei Huch, a. a. O.
160 Brief an Gaspard Sentiñon. Zit. bei Guillaume, a. a. O.
161 Brief an Palix. Zit. bei Guillaume, a. a. O.
162 Marx an Engels, zit. bei Barrué [Übers. d. A.]
163 Präambel zur zweiten Lieferung von *L'Empire knouto-germanique et la révolu-*

tion sociale. In: *Staatlichkeit und Anarchie,* a. a. O.
164 *Gott und der Staat.* In: *Philosophie der Tat,* a. a. O.
165 Brief vom 5. April 1871. Zit. bei Dragomanow, a. a. O.
166 *Die Commune von Paris und der Staatsbegriff.* In: *Staatlichkeit und Anarchie,* a. a. O.
167 Zit. von Barrué, s. Brupbacher, a. a. O.
168 Guillaume, a. a. O.
169 Barrué, s. Brupbacher, a. a. O.
170 *Gesammelte Werke* Bd. 2; zit. in: *Staatlichkeit und Anarchie,* a. a. O.
171 *Rapports personnels avec Marx.* In: *Gesammelte Werke* Bd. 3, a. a. O.
172 Zit. von Barrué, s. Brupbacher, a. a. O.
173 Karl Marx und Friedrich Engels: «Briefwechsel». Stuttgart 1906
174 Dragomanow, a. a. O.
175 Zit. von Barrué, s. Brupbacher, a. a. O. [Übers. d. A.]
176 Guillaume, a. a. O.
177 Brief vom 18. Februar 1872. Zit. bei Dragomanow, a. a. O.
178 Zit. bei Huch, a. a. O.
179 Franz Mehring: «Karl Marx». Berlin 1918
180 Zit. von Barrué, s. Brupbacher, a. a. O.
181 Zit. bei James Joll: «Die Anarchisten». Frankfurt a. M. 1964
182 Bigler, a. a. O.
183 *Staatlichkeit und Anarchie,* a. a. O.
184 Horst Stuke, Vorwort zu *Staatlichkeit und Anarchie,* a. a. O.
185 Barrué, a. a. O., In: Brupbacher, a. a. O.
186 *Gesammelte Werke* Bd. 3. Neudruck in: *Staatlichkeit und Anarchie,* a. a. O.
187 Brief vom 22. Oktober 1869. Zit. bei Dragomanow, a. a. O.
188 *Staatlichkeit und Anarchie,* a. a. O. (Anhang A)
189 Debagorij-Mokrijewitsch: «Erinnerungen». Zit. bei Bienek, a. a. O.
190 Brief an einen Spanier. In: «Die Allianz der sozialen Demokratie und die Internationale Arbeiter-Assoziation. Bericht und Dokumente». Veröffentlicht auf Anweisung des internationalen Kongresses von Den Haag, London und Hamburg bei Otto Meissner, 1873
191 Debagorij-Mokrijewitsch, s. Bienek, a. a. O.
192 Debagorij-Mokrijewitsch. Zit. bei Dragomanow, a. a. O.
193 Ebd.
194 Nettlau, a. a. O.
195 Zit. von Barrué, s. Brupbacher, a. a. O.
196 *Beichte . . .,* a. a. O.
197 Zit. bei Huch, a. a. O.
198 «Gil Blas»: Roman von Eugène Scribe; «Plus d'homélies . . .»: keine Lehrpredigten mehr, Euer Gnaden!
199 Dragomanow, a. a. O.
200 Ebd.
201 Ebd.
202 Dragomanow, a. a. O.; auch in: *Staatlichkeit und Anarchie,* a. a. O. (Name und Pseudonym von Horst Stuke ergänzt)
203 Peter Kropotkin: «Autour d'une vie». Paris 1902 («Memoiren eines Revolutionärs». Frankfurt a. M. 1969)
204 Dragomanow, a. a. O.

205 Kurt Kersten: Vorwort zu *Beichte* . . ., a. a. O.
206 Nettlau, a. a. O., Bd. 3
207 Ebd.
208 Ebd.
209 Zit. bei Barrué, s. Brupbacher, a. a. O.
210 Dragomanow, a. a. O.
211 Ebd.
212 *Brief an «La Démocratie»* (Genf), April 1968. In: *Gesammelte Werke*, a. a. O.
213 *Schreiben an die «Brüder der Allianz» in Spanien.* In: *Gesammelte Werke*, a. a. O.
214 *An die Mitglieder der «Internationale» in der Romagna* am 23. Januar 1872. In: *Gesammelte Werke*, a. a. O.
215 Brief an Albert Richard vom 1. April 1870
216 *L'Empire knouto-germanique* . . ., a. a. O.
217 Zit. nach Augustin Souchy: «Anarcho-Syndikalisten über Bürgerkrieg und Revolution in Spanien. Ein Bericht». Darmstadt 1969
218 Zit. nach Guérin, a. a. O.
219 Zit. nach Iring Fetscher: «Sozialismus. Vom Klassenkampf zum Wohlfahrtsstaat». München 1968
220 *L'Empire knouto-germanique* . . ., a. a. O.

ZEITTAFEL

1814	18. Mai: Michail Alexandrowitsch Bakunin in Prjamuchino geboren
1828	Bakunin auf der Artillerieschule in St. Petersburg
1835	Quittiert den Dienst als Leutnant
1835–1840	Universität Moskau
1840–1842	Universität Berlin
1842	In Dresden. Bekanntschaft mit Georg Herwegh und Arnold Ruge. *Die Reaktion in Deutschland*
1843	In der Schweiz
1844	Über Brüssel nach Paris. Bekanntschaft mit Proudhon und mit Marx. Er verweigert die Rückkehr nach Rußland
1845	In Abwesenheit zu Verbannung und Adelsverlust verurteilt
1847	Polen-Rede in Paris, der die Ausweisung aus Frankreich folgt. In Brüssel Verkehr mit emigrierten Polen
1848	Bei Ausbruch der Februar-Revolution Rückkehr nach Paris, dann Reise durch Deutschland nach Berlin und Breslau. Im Juni Slawenkongreß in Prag. Prager Aufstand, Flucht nach Breslau und Berlin; dort ausgewiesen. Zuflucht in Köthen (Anhalt) und Agitation in Böhmen
1849–1850	Aktive Beteiligung an der Mai-Revolution in Dresden. Gefangennahme in Chemnitz. Kerker in Dresden und der Festung Königstein. Verurteilung zum Tode, Auslieferung an Österreich.
1850–1851	Kerker in Prag und Olmütz. Verurteilung zum Tode und Auslieferung an Rußland
1851	In der Peter-Pauls-Festung. *Beichte an den Zaren*
1853	Überführung nach der Festung Schlüsselburg
1857	Deportation nach Sibirien
1858	Heirat mit Antonia Kwiatkowska in Tomsk
1861	Flucht über Japan und Nordamerika nach London
1862	Bei Alexander Herzen in London
1863	Bakunins «polnische Expedition» endet in Schweden
1864	In Florenz. «Internationale Bruderschaft». Letzte Begegnung mit Marx in London, mit Proudhon in Paris
1865	Übersiedlung nach Sorrent und Neapel. Organisationsarbeit
1867	Genfer Friedenskongreß. Umzug in die Schweiz
1868	Beitritt zur Internationalen Arbeiter-Assoziation. Kongreß der Friedensliga in Bern. Austritt aus der Liga. Gründung der «Allianz». Verbindung mit der Jura-Sektion. Netschajew in Genf
1869	Baseler Kongreß der Internationale. Bakunin siedelt nach Locarno über. Zusammenarbeit mit Netschajew. *Worte an meine jungen Brüder in Rußland* u. a. Netschajews Rückkehr nach Rußland. Affäre Iwanow
1870	Netschajew wieder in der Schweiz. Bakunin bricht Arbeit an Übersetzung des «Kapital» ab. Teilnahme am Aufstand in Lyon. Flucht nach Marseille. *L'Empire knouto-germanique et la révolution sociale.* Rückkehr nach Locarno
1871	Während der Pariser Commune im Schweizer Jura. Polemik gegen Mazzini. Intensivierung der italienischen Beziehungen. Beziehung zu Spanien
1872	Haager Kongreß der Internationale. Bakunins Ausschluß, Bruch mit Marx. Bekanntschaft mit dem Marchese Carlo Cafiero. *Staatlichkeit und*

Anarchie

1873	La Baronata. Demission im Jura-Bund
1874	Letzte aktive Tätigkeit: Der verfehlte Aufstand in Bologna. Bruch mit Cafiero. Umzug nach Locarno
1876	1. Juli: Tod in Bern

ZEUGNISSE

Karl Marx

Anarchie, das ist das große Paradepferd ihres Meisters Bakunin, der von allen sozialen Systemen nur die Überschriften aufgenommen hat.

Im «Privatzirkular des Generalrats der Internationalen Arbeiterassoziation». 1869

Alexander Herzen

Tief in der Natur dieses Mannes liegt der Keim zu einer kolossalen Betätigung, für die es keine Verwendung gab. Stellt ihn in irgendein Lager – unter Anabaptisten, Jakobiner, neben Anarcharsis Cloots oder in den Kreis um Babeuf, doch immer an die äußerste Linke – und er wird die Massen mitreißen und auf die Geschicke der Völker Einfluß ausüben.

In: «Œuvres posthumes»

Nikolaus I.

Er ist ein gutherziger Junge, aber ein gefährlicher Mensch.

Zu Graf Orlow

Jules Michelet

Wenn Deutschland Deutschland werden wird, dann wird es diesem Russen einen Altar errichten.

Richard Wagner

Wie es sich herausstellte, daß an diesem merkwürdigen Menschen eine völlig kulturfeindliche Wildheit mit der Forderung des reinsten Ideals der Menschlichkeit sich berührte, so waren die Eindrücke meines Umgangs mit ihm schwankend zwischen unwillkürlichem Schrecken und unwiderstehlicher Angezogenheit.

In: «Mein Leben»

Benedetto Croce

Was war denn der Anarchismus eines Bakunin anderes gewesen als der äußerste Gegensatz zum abstrakten Kommunismus? War er nicht dementsprechend abstrakter Individualismus gegenüber der Zwangsverstaatlichung eines Karl Marx und seiner Anhänger? War nicht der Anarchismus und Individualismus die Verneinung und Vernichtung jeglicher Staatsform, und war der Kommunismus eines Karl Marx, allerdings unter der Formel der Vernichtung des Staates, nicht etwas Superstaatliches, ja Diktatorisches? Aber jede dieser beiden Auffassungen war an die andere gebunden, beide lebten voneinander. War die eine erschlafft, dann mußte ideell und substantiell auch die andere erschlaffen und dazu gezwungen sein, das am Individualismus Berechtigte in sich selber aufzunehmen, um die notwendige Befriedigung herzustellen, das heißt sie mußte sich zum Liberalismus orientieren.

In: «Geschichte Europas im 19. Jahrhundert»

Walter Benjamin

Seit Bakunin hat es in Europa keinen radikalen Begriff von Freiheit mehr gegeben.

Kurt Kersten

Ausgestoßen, geschmäht, beleidigt, verfolgt, nachtwandelt er wie ein Schlemihl durch die Weltgeschichte, von letzter Tragik umwittert. Ein Bruder aller Verdammten, ein wahrhaft erschütternder Mensch, den man nicht vergessen kann. Die Trauer der Größe umfängt ihn.

In Einleitung zu «Bakunins Beichte»

Fritz Brupbacher

Bakunin wird an dem Tag wieder aktuell werden, an dem der Mensch anfangen wird, den bürgerlichen Despotismus und den proletarischen Despotismus unerträglich zu finden.

In: «Bakunin, der Satan der Revolte»

Ricarda Huch

Das beständige Gefühl von der Relativität alles Irdischen verlieh ihm eine Leichtigkeit, eine Nachsicht, eine Gemütlichkeit und Überlegenheit, die Marx bei aller Intelligenz und Charakterstärke nicht besaß.

In: «Michael Bakunin und die Anarchie»

BIBLIOGRAPHIE

Diese Auswahl-Bibliographie dient dem Leser zur ersten Orientierung. Eine ausführliche Bibliographie ist enthalten in: Michail Bakunin, «Staatlichkeit und Anarchie und andere Schriften». Hg und eingeleitet von Horst Stuke. Frankfurt a. M.–Berlin–Wien 1972 (= Ullstein-B. 2846).

1. Erstveröffentlichungen

Die Reaktion in Deutschland. Ein Fragment von einem Franzosen. In: Deutsche Jahrbücher für Wissenschaft und Kunst 247–251 (1842)
Wiederabdruck in: Bakunin, Philosophie der Tat. Auswahl aus seinem Werk. Eingel. und hg. von Rainer Beer. Köln 1968

Aufruf an die Slaven. Von einem russischen Patrioten. Köthen 1848

Fédéralisme, socialisme et antithéologisme. Proposition motivée au Comité Central de la Ligue de la Paix et de la Liberté. Bern 1867–1868

Lettres à un Français sur la crise actuelle. Neuenburg 1871

L'Empire knouto-germanique et la révolution sociale. La révolution sociale ou la dictature militaire. Première livraison. Genf 1871
Wiederabdruck in: Bakunin, Staatlichkeit und Anarchie und andere Schriften. Hg. und eingel. von Horst Stuke. Frankfurt a. M.–Berlin–Wien 1972 (= Ullstein-B. 2846)

Risposta d'un internazionale a Giuseppe Mazzini (Supplemento al N. 227 del Giornale il «Gazzetino Rosa»). Mailand 1871

La théologie politique de Mazzini et l'Internationale. Première Partie. St. Imier 1872

Gossudarstvennost' i anarchija. Zürich–Genf 1873

Dt. in: Bakunin, Staatlichkeit und Anarchie und andere Schriften. Hg. und eingeleitet von Horst Stuke. Frankfurt a. M.–Berlin–Wien 1972 (= Ullstein-B. 2846)

Dieu et l'État. Hg. von Carlo Cafiero und Élisée Reclus. Genf 1882
Dt.: Gott und der Staat. Dieu el l'État. Übers. von Moritz Bachmann. Philadelphia 1884 – Wiederabdruck in: Bakunin, Philosophie der Tat. Auswahl aus seinem Werk. Eingel. und hg. von Rainer Beer. Köln 1968 – Bakunin, Gott und der Staat und andere Schriften. Hg. von Susanne Hillmann. Reinbek 1969 (= Rowohlts Klassiker der Literatur und der Wissenschaft. Texte des Sozialismus und Anarchismus. 240/241/242)

Social-politischer Briefwechsel mit Alexander Herzen und Ogarjow. Mit einer biographischen Einleitung, Beilagen und Erläuterungen von Michail Dragomanow. Übers. von Boris Minzès. Stuttgart 1895 (= Bibliothek russischer Denkwürdigkeiten. 6)
[Einzelbriefe daraus bei Stuke (s. 2. Sammelausgaben) und Hillmann (s. 2. Sammelausgaben)]

Beichte aus der Peter-Pauls-Festung an Zar Nikolaus I. Hg. von Kurt Kersten mit einem Vorwort von W. Polonski. Berlin 1926
Wiederabdruck in: Bakunin, Gott und der Staat und andere Schriften. Hg. von Susanne Hillmann. Reinbek 1969 (=Rowohlts Klassiker der Literatur und der Wissenschaft. Texte des Sozialismus und Anarchismus. 240/241/242) – Neuausg.: Frankfurt a. M. 1973

2. *Sammelausgaben*

Œuvres. Bd. 1 hg. von MAX NETTLAU. Paris 1895 – Bd. 2–6 hg. von JAMES GUILLAUME. Paris 1907–1913

Gesammelte Werke. Bd. 1 hg. von ERICH ROHLFS, Bd. 2–3 hg. von MAX NETTLAU. Berlin 1921–1924

Archives Bakounine. Bakunin-Archiv. Hg. im Auftrag des Internationaal Instituut voor Sociale Geschiedenis Amsterdam von ARTHUR LEHNING, A. J. C. RÜTER und PETER SCHEIBERT. Leiden 1961 f

Bd. 1: Michel Bakounine et l'Italie, 1872–1873. Textes établis et annotés par ARTHUR LEHNING. 1re partie: La polémique avec Mazzini. Écrits et matériaux. Leiden 1961 – 2me partie: La Première Internationale en Italie el le conflit avec Marx. Écrits et matériaux. Leiden 1963

Bd. 2: Michel Bakounine el les conflits dans l'Internationale, 1872. La question germano-slave, le communisme d'état. Écrits et matériaux. Textes établis et annotés par ARTHUR LEHNING. Leiden 1965

Bd. 3: Michel Bakounine. Gossudarstvennost' i anarchija. Étatisme et anarchie, 1873. Traduit par MARCEL BODY. Introduction et annotations de ARTHUR LEHNING. Leiden 1967

Bd. 4: Michel Bakounine et ses relations avec Sergej Nečaev, 1870 jusqu'à 1872. Écrits et matériaux. Introduction et annotations de ARTHUR LEHNING. Leiden 1971

Philosophie der Tat. Auswahl aus seinem Werk. Eingel. und hg. von RAINER BEER. Köln 1968

Gott und der Staat und andere Schriften. Hg. von SUSANNE HILLMANN. Reinbek 1969 (= Rowohlts Klassiker der Literatur und der Wissenschaft. Texte des Sozialismus und Anarchismus. 240/241/242)

Staatlichkeit und Anarchie und andere Schriften. Hg. und eingel. von HORST STUKE. Frankfurt a. M.–Berlin–Wien 1972 (= Ullstein-B. 2846)

3. *Biographien und Einzeldarstellungen*

Michael Bakunin, eine biographische Skizze. Mit Auszügen aus seinen Schriften und Nachwort von GUSTAV LANDAUER. Berlin 1901

BRUPBACHER, FRITZ: Marx und Bakunin. Ein Beitrag zur Geschichte der Internationalen Arbeiterassoziation. München 1913

Michael Bakunin. Der Satan der Revolte. Zürich 1929 – Franz. Ausg.: Bakounine ou le démon de la révolte. Avec annotations et trois études par JEAN BARRUÉ. Paris 1971

CARR, E. H.: Michael Bakunin. London 1937

FRANÇOIS, ALBERT: Michel Bakounine et la philosophie de l'anarchie. Brüssel 1900

GUILLAUME, JAMES: Bakounine, une biographie. Paris 1902

HEPNER, BENOÎT H.: Bakounine et le panslavisme révolutionnaire. Paris 1950

HUCH, RICARDA: Michael Bakunin und die Anarchie. Leipzig 1923

KAMINSKI, H. E.: Bakounine, la vie d'un révolutionnaire. Paris 1938

MÜLLER, HANS: Michael Bakunin. Der revolutionäre Anarchismus. Zürich 1919

NETTLAU, MAX: The life of Michael Bakounine. Michael Bakunin. Eine Biographie.

3 Bde. London 1896–1900 [handgeschrieben, in 50 Exemplaren autokopiert; Nachträge 1903–1905 im Manuskript (Je 1 Exemplar der Autokopien befindet sich im Amsterdamer Internationaal Instituut voor Sociale Geschiedenis und in der Bibliothèque Nationale in Paris.)]
PFITZNER, JOSEF: Bakunin-Studien. Prag 1932
PYZIER, EUGENE: The doctrine of anarchism of M. A. Bakunin. Milwaukee 1955
RAMUS, PIERRE: Michael Bakunin. Zürich 1903
STEKLOW, JURY M.: Michael Bakunin. Ein Lebensbild. Stuttgart 1913

4. Zur Geschichte des Anarchismus, Polemiken

Anarchismus. Grundtexte zu Theorie und Praxis der Gewalt. Hg. von OTTHEIN RAMMSTEDT. Köln–Opladen 1969
Anarchismus. Theorie – Kritik – Utopie. Hg. von ACHIM VON BORRIES und INGEBORG BRANDIES. Frankfurt a. M. 1970
ARVON, HENRI: L'Anarchisme. Paris 1951
BALDESSARI, GIOVANNI: Gli anarchici. Padua 1968
BIGLER, ROLF R.: Der libertäre Sozialismus in der Westschweiz. Köln–Berlin 1963
BLOS, W. (Hg.): Karl Marx oder Bakunin? Demokratie oder Diktatur? Neuausgabe der Berichte an die Sozialistische Internationale über Michael Bakunin. Stuttgart 1920
Der Briefwechsel zwischen Friedrich Engels und Karl Marx. Hg. von AUGUST BEBEL und EDUARD BERNSTEIN. 4 Bde. Stuttgart 1913 – Neuausg.: Berlin 1949–1950
DRESSEN, WOLFGANG: Antiautoritäres Lager und Anarchismus. Berlin 1968
FETSCHER, IRING: Sozialismus. Vom Klassenkampf zum Wohlfahrtsstaat. München 1968
GUÉRIN, DANIEL: L'Anarchisme. Paris 1965 – Dt.: Anarchismus. Begriff und Praxis. Frankfurt a. M. 1967 (=edition suhrkamp. 240)
Ni Dieu ni maître. Anthologie de l'anarchisme. 4 Bde. Paris 1970
GUILLAUME, JAMES: L'Internationale. Documents et souvenirs. 4 Bde. Paris 1905–1910
JOLL, JAMES: The anarchists. London 1964 – Dt.: Die Anarchisten. Frankfurt a. M.–Berlin–Wien 1969 (= Ullstein-B. 2840)
KRÄMER-BADONI, RUDOLF: Anarchismus. Geschichte und Gegenwart einer Utopie. Wien–München–Zürich 1970
Kritik des Anarchismus. In: Kursbuch 19 (1969)
LANGHARD, J.: Die anarchistische Bewegung in der Schweiz von ihren Anfängen bis zur Gegenwart und die internationalen Führer. Berlin 1903
MARX, KARL: Les prétendues scissions dans l'Internationale. Circulaire privée du Conseil général de l'Association internationale des Travailleurs. Genf 1872 – Dt.: Die angeblichen Spaltungen in der Internationale. Vertrauliches Zirkular des Generalsrats der Internationalen Arbeiterassoziation. In: MEW Bd. 18. Berlin 1962
L'Alliance de la Démocratie Socialiste el l'Association internationale des Travailleurs. London–Hamburg 1873 – Dt.: Ein Komplott gegen die Internationale Arbeiterassoziation. Im Auftrag des Haager Kongreß verfaßter Bericht über das Treiben Bakunins und der Allianz der sozialistischen Demokratie. Braunschweig 1874 – Wiederabdruck in: MEW Bd. 18. Berlin 1962
MASINI, PIER-CARLO: Storia degli anarchici italiani da Bakunin à Malatesta. Mailand 1969
NETTLAU, MAX: Der Anarchismus von Proudhon zu Kropotkin. Berlin 1927

Marx und Bakunin. Berlin o. J.
Papa, Emilio R.: Storia dei sovversivi italiani. Mailand 1968
Rosselli, Nello: Mazzini e Bakunin. Turin 1967
Sergent, Alain, und Claude Harmel: Histoire d l'anarchie. Paris 1949
Tschižewskij, Dmitrij: Rußland zwischen Ost und West. Russische Geistesgeschichte II. 18.–20. Jahrhundert. Reinbek 1961 (= rowohlts deutsche enzyklopädie. 122)
Wittkop, Justus Franz: Unter der schwarzen Fahne. Aktionen und Gestalten des Anarchismus. Frankfurt a. M. 1973
Woodcock, George: Anarchism. London 1962
Zoccoli, Ettore: L'anarchia. Mailand 1906

5. Memoiren

Debagorij-Mokrijewitsch: Mémoires [als Manuskript gedruckt]. Paris 1894
Herzen, Alexander: Mein Leben. Memoiren und Reflexionen (1852–1868). Übers. von Hertha von Schulz. 3 Bde. Berlin 1962–1963
Vom anderen Ufer. München 1969
Malatesta, Errico: His life and ideas. Compiled and editet by Vernon Richards. London 1965
Varnhagen von Ense, Karl August: Tagebücher Bd. 5. Leipzig 1862
Wagner, Richard: Mein Leben. Hg. von Martin Gregor-Dellin. München 1963

6. Im Spiegel der Literatur

Bacchelli, Ricardo: Il diavole al Pontelungo [Roman]. 1923 – Dt.: Der Teufel auf dem Pontelungo. Ein Roman um Bakunin. 1927
Bienek, Horst: Bakunin, eine Invention. München 1970
Conrad, Joseph: With Western-Eyes [Roman]. London 1911 – Dt.: Mit den Augen des Westens. Roman. Reinbek 1961 (= rororo. 394/395)
Dostojewski, Fjodor M.: Die Dämonen. Roman. 1872 – Dt.: Übers. von E. K. Rahsin. München 1956
Turgenjew, Iwan S.: Rudin. Roman. 1855 – Dt.: Wuppertal 1969

NAMENREGISTER

Die kursiv gesetzten Zahlen bezeichnen die Abbildungen

ÜBER DEN AUTOR

JUSTUS FRANZ WITTKOP, geboren 1899 in Wiesbaden. Humanistisches Gymnasium. Im Ersten Weltkrieg Soldat. Studium (Germanistik, Philosophie und Französisch) an den Universitäten Frankfurt und München. Mehrere Auslandsaufenthalte. Seit 1930 in Berlin als freier Schriftsteller bis zur Einberufung im Zweiten Weltkrieg. 1944 Desertion in Frankreich und Kriegsgefangenschaft in England. Seit 1946 in Bad Homburg als freier Schriftsteller.

Publikationen (Auswahl): «Pariser Tagebuch. Geschichte einer Desertion», 1948; «Unterm karibischen Mond», 1946; «Danton. Biographischer Roman», 1961; «Die Welt des Empire. Directoire – Empire – Klassizismus». In: «Große Kulturepochen», 1968; «Unter der schwarzen Fahne. Gestalten in Aktionen des Anarchismus», 1973.

QUELLENNACHWEIS DER ABBILDUNGEN

Internationaal Instituut voor Sociale Geschiedenis, Amsterdam: 6, 7, 8, 9, 13, 14, 15, 17, 18, 19, 24, 26, 33, 38, 41, 53, 57, 59, 61, 64, 76, 79, 81, 83, 86, 100, 107, 108, 109, 111, 112, 124, 127 / Archiv für Kunst und Geschichte, Berlin: 21, 22, 36, 42, 51, 56, 94 / Archiv Gerstenberg, Frankfurt: 23, 35, 54, 89, 102, 105 / Ullstein-Bilderdienst: 28/29 / Staatsbibliothek Berlin: 31, 32, 50, 63, 67, 70, 73, 93, 116, 129 / Rowohlt-Archiv: 30, 128 / Aus: Die Kunst der bürgerlichen Revolution von 1830 bis 1848/49 / Neue Gesellschaft für Bildende Kunst, Berlin 1972: 39 o., 39 u., 45 / Sammlung Justus Franz Wittkop: 46 / Photographie Bulloz, Paris: 69, 95, 96, 99

rowohlts bildmonographien

Thema
Geschichte,
Natur-
wissenschaft

Geschichte

Gösta v. Uexküll
Konrad Adenauer (234)

Gerhard Wirth
Alexander der Große (203)

Bernd Rill
Kemal Atatürk (346)

Marion Giebel
Augustus (327)

Justus Franz Wittkop
Michail A. Bakunin (218)

Wilhelm Mommsen
Otto von Bismarck (122)

Hans Oppermann
Julius Caesar (135)

Reinhold Neumann-Hoditz
Nikita S. Chruschtschow (289)

Sebastian Haffner
Winston Churchill (129)

Reinhold Neumann-Hoditz
Dschingis Khan (345)

Herbert Nette
Elisabeth I. (311)

Georg Holmsten
Friedrich II. (159)

Herbert Nette
Friedrich II. von Hohenstaufen (222)

Elmar May
Che Guevara (207)

Helmut Presser
Johannes Gutenberg (134)

Harald Steffahn
Adolf Hitler (316)

Reinhold Neumann-Hoditz
Ho Tschi Minh (182)

Peter Berglar
Wilhelm von Humboldt (161)

Herbert Nette
Jeanne d'Arc (253)

Wolfgang Braunfels
Karl der Große (187)

Herbert Nette
Karl V. (280)

Gösta v. Uexküll
Ferdinand Lassalle (212)

Hermann Weber
Lenin (168)

Helmut Hirsch
Rosa Luxemburg (158)

Edmond Barincou
Niccolò Machiavelli (17)

Tilemann Grimm
Mao Tse-tung (141)

Peter Berglar
Maria Theresia (286)

Friedrich Hartau
Clemens Fürst von Metternich (250)

Hans Peter Heinrich
Thomas Morus (331)

Giovanni de Luna
Benito Mussolini (270)

André Maurois
Napoleon (112)

C 2053/5

rowohlts bildmonographien

Thema Religion, Pädagogik, Medizin

Religion

Henri Marrou
Augustinus (008)

Otto Wolff
Sri Aurobindo (121)

Gerhard Wehr
Jacob Böhme (179)

Eberhard Bethge
Dietrich Bonhoeffer (236)

Gerhard Wehr
Martin Buber (147)

Maurice Percheron
Buddha (12)

Ivan Gobry
Franz von Assisi (16)

Alain Guillermou
Ignatius von Loyola (74)

David Flusser
Jesus (140)

Johannes Hemleben
Johannes der der Evangelist (194)

Helmuth Nürnberger
Johannes XXIII. (340)

Hanns Lilje
Martin Luther (98)

Gerd Presler
Martin Luther King (333)

Emile Dermenghem
Mohammed (47)

André Neher
Moses (94)

Gerhard Wehr
Thomas Müntzer (188)

Claude Tresmontant
Paulus (23)

Solange Lemaître
Ramakrischna (60)

Harald Steffahn
Albert Schweitzer (263)

Johannes Hemleben
Pierre Teilhard de Chardin (116)

M.-D. Chenu
Thomas von Aquin (45)

Gerhard Wehr
Paul Tillich (274)

Angelica Krogmann
Simone Weil (166)

Pädagogik

Helmut Heiland
Friedrich Fröbel (303)

Max Liedtke
Johann Heinrich Pestalozzi (138)

Medizin

Josef Rattner
Alfred Adler (189)

Wilhelm Salber
Anna Freud (343)

Octave Mannoni
Sigmund Freud (178)

Gerhard Wehr
C. G. Jung (152)

Ernst Kaiser
Paracelsus (149)

Bernd A. Laska
Wilhelm Reich (298)

C 2057/5

rowohlts bildmonographien

Thema Philosophie

J.M. Zemb
Aristoteles (63)

Silvia Markun
Ernst Bloch (258)

Jochen Kirchhoff
Giordano Bruno (285)

Marion Giebel
Marcus Tullius Cicero (261)

Rainer Specht
René Descartes (117)

Helmut Hirsch
Friedrich Engels (142)

Anton J. Gail
Erasmus von Rotterdam (214)

Hans-Martin Sass
Ludwig Feuerbach (269)

Wilhelm G. Jacobs
Johann Gottlieb Fichte (336)

Rainer Funk
Erich Fromm (322)

Heino Rau
Mahatma Gandhi (172)

Franz Wiedemann
Georg Wilhelm Friedrich Hegel (110)

Walter Biemel
Martin Heidegger (200)

Friedrich W. Kantzenbach
Johann Gottfried Herder (164)

H. Gumnior/R. Ringguth
Max Horkheimer (208)

Hans Saner
Karl Jaspers (169)

Uwe Schultz
Immanuel Kant (101)

Peter P. Rohde
Sören Kierkegaard (28)

Pierre Do-Dinh
Konfuzius (42)

Werner Blumenberg
Karl Marx (76)

Ivo Frenzel
Friedrich Nietzsche (115)

Albert Beguin
Blaise Pascal (26)

Gottfried Martin
Platon (150)

Georg Holmsten
Jean-Jacques Rousseau (191)

Ernst P. Sandvoss
Bertrand Russell (282)

Wilhelm Mader
Max Scheler (290)

Jochen Kirchhoff
Friedrich Wilhelm Joseph von Schelling (308)

Friedrich W. Kantzenbach
Friedrich Daniel Ernst Schleiermacher (126)

bildmono rororo graphien

C 2054/5

rowohlts bildmonographien

Thema Musik

Luc-André Marcel
Johann Sebastian Bach (83)

Everett Helm
Béla Bartók (107)

Fritz Zobeley
Ludwig van Beethoven (103)

Volker Scherliess
Alban Berg (225)

Wolfgang Dömling
Hector Berlioz (254)

Hans A. Neunzig
Johannes Brahms (197)

Karl Grebe
Anton Bruckner (190)

Camille Bourniquel
Frédéric Chopin (25)

Jean Barraqué
Claude Debussy (92)

Kurt Honolka
Antonín Dvořák (220)

Richard Friedenthal
Georg Friedrich Händel (36)

Pierre Barbaud
Joseph Haydn (49)

Giselher Schubert
Paul Hindemith (299)

Everett Helm
Franz Liszt (185)

Hans Christoph Worbs
Albert Lortzing (281)

Wolfgang Schreiber
Gustav Mahler (181)

Hans Christoph Worbs
Felix Mendelssohn Bartholdy (215)

Heinz Becker
Giacomo Meyerbeer (288)

Aloys Greither
Wolfgang Amadé Mozart (77)

Hans Christian Worbs
Modest P. Mussorgsky (247)

P. Walter Jacob
Jacques Offenbach (155)

Lilo Gersdorf
Carl Orff (293)

Clemens Höslinger
Giacomo Puccini (325)

Vladimir Jankélévitch
Maurice Ravel (13)

Helmut Wirth
Max Reger (206)

Eberhard Freitag
Arnold Schönberg (202)

Detlef Gojowy
Dimitri Schostakowitsch (320)

Marcel Schneider
Franz Schubert (19)

André Boucourechliev
Robert Schumann (6)

Kurt Honolka
Bedřich Smetana (265)

Walter Deppisch
Richard Strauss (146)

rororo bildmonographien

C 2055/4

rowohlts bildmonographien

Thema Kunst

Catherine Krahmer
Ernst Barlach (335)

Heinrich Goertz
Hieronymus Bosch (237)

Kurt Leonhard
Paul Cézanne (114)

Juerg Albrecht
Honoré Daumier (326)

Dietrich Schubert
Otto Dix (287)

Franz Winzinger
Albrecht Dürer (177)

Lothar Fischer
Max Ernst (151)

Gertrud Fiege
Caspar David Friedrich (252)

Herbert Frank
Vincent van Gogh (239)

Jutta Held
Francisco de Goya (284)

Lothar Fischer
George Grosz (241)

Michael Töteberg
John Heartfield (257)

Peter Anselm Riedl
Wassily Kandinsky (313)

Carola Giedion-Welcker
Paul Klee (52)

Catherine Krahmer
Käthe Kollwitz (294)

Norbert Huse
Le Corbusier (248)

Kenneth Clark
Leonardo da Vinci (153)

Heinrich Koch
Michelangelo (124)

Liselotte v. Reinken
Paula Modersohn-Becker (317)

Wilfried Wiegand
Pablo Picasso (205)

Christian Tümpel
Rembrandt (251)

Ernst Nündel
Kurt Schwitters (296)

Matthias Arnold
Henri de Toulouse-Lautrec (306)

Lothar Fischer
Heinrich Zille (276)

bildmono rororo graphien

C 2056/6

rowohlts bildmonographien

Thema Literatur

Erling Nielsen
Hans Christian Andersen (5)

Helene M. Kastinger Riley
Achim von Arnim (277)

Gaëtan Picon
Honoré de Balzac (30)

Pascal Pia
Charles Baudelaire (7)

Christiane Zehl Romero
Simone de Beauvoir (260)

Klaus Birkenhauer
Samuel Beckett (176)

Bernd Witte
Walter Benjamin (341)

Walter Lennig
Gottfried Benn (71)

Klaus Schröter
Heinrich Böll (310)

Peter Rühmkorf
Wolfgang Borchert (58)

Marianne Kesting
Bertolt Brecht (37)

Ernst Johann
Georg Büchner (18)

Joseph Kraus
Wilhelm Busch (163)

Hartmut Müller
Lord Byron (297)

Morvan Lebesque
Albert Camus (50)

J. Rives Childs
Giacomo Casanova de Seingalt (48)

Elsbeth Wolffheim
Anton Cechov (307)

Anton Dieterich
Miguel de Cervantes (324)

Peter Berglar
Matthias Claudius (192)

Kurt Leonhard
Dante Alighieri (167)

Johann Schmidt
Charles Dickens (262)

Klaus Schröter
Alfred Döblin (266)

Janko Lavrin
Fjodor M. Dostojevskij (88)

Peter Berglar
Annette von Droste-Hülshoff (130)

Paul Stöcklein
Joseph von Eichendorff (84)

Jürgen Manthey
Hans Fallada (78)

Peter Nicolaisen
William Faulkner (300)

Reinhold Jaretzky
Lion Feuchtwanger (334)

Jean de la Varende
Gustave Flaubert (20)

Helmuth Nürnberger
Theodor Fontane (145)

Volker Hage
Max Frisch (321)

Franz Schonauer
Stefan George (44)

bildmono rororo graphien

C 2058/5

rowohlts bildmonographien

Thema Literatur

Claude Martin
André Gide (89)

Peter Boerner
Joahnn Wolfgang von Goethe (100)

Rolf-Dietrich Keil
Nikolai W. Gogol (342)

Nina Gourfinkel
Maxim Gorki (9)

Georg Bollenbeck
Oskar Maria Graf (337)

Hermann Gerstner
Brüder Grimm (201)

Curt Hohoff
Johann Jakob Christoph von Grimmelshausen (267)

Martin Beheim-Schwarzbach
Knut Hamsun (3)

Kurt Lothar Tank
Gerhart Hauptmann (27)

Hayo Matthiesen
Friedrich Hebbel (160)

Ludwig Marcuse
Heinrich Heine (41)

Georges-Albert Astre
Ernest Hemingway (73)

Bernhard Zeller
Hermann Hesse (85)

Ulrich Häussermann
Friedrich Hölderlin (53)

Gabrielle Wittkop-Ménardeau
E.T.A. Hoffmann (113)

Werner Volke
Hugo von Hofmannsthal (127)

Herbert Bannert
Homer (272)

Dieter Hildebrandt
Ödön von Horváth (231)

Gerd Enno Rieger
Henrik Ibsen (295)

Francois Bondy
Eugène Ionesco (223)

Jean Paris
James Joyce (40)

Luiselotte Enderle
Erich Kästner (120)

Klaus Wagenbach
Franz Kafka (91)

Bernd Breitenbruch
Gottfried Keller (136)

Curt Hohoff
Heinrich von Kleist (1)

Paul Schick
Karl Kraus (111)

Erika Klüsener
Else Lasker-Schüler (283)

Richard Aldington
David Herbert Lawrence (51)

Curt Hohoff
Jakob Michael Reinhold Lenz (259)

Wolfgang Drews
Gotthold Ephraim Lessing (75)

Thomas Ayck
Jack London (244)

bildmono rororo graphien

C 2058/5a

rowohlts bildmonographien

Thema Literatur

Klaus Schröter
Heinrich Mann (125)

Uwe Naumann
Klaus Mann (332)

Klaus Schröter
Thomas Mann (93)

David A. Jackson
Conrad Ferdinand Meyer (238)

Walter Schmiele
Henry Miller (61)

Hans Egon Holthusen
Eduard Mörike (175)

Friedrich Hartau
Molière (245)

Martin Beheim-Schwarzbach
Christian Morgenstern (97)

Wilfried Berghahn
Robert Musil (81)

Donald E. Morton
Vladimir Nabokov (328)

Otto Basil
Johann Nestroy (132)

Gerhard Schulz
Novalis (154)

Hanns-Josef Ortheil
Jean Paul (329)

Walter Lennig
Edgar Allen Poe (32)

Claude Mauriac
Marcel Proust (15)

Gudrun Ziegler
Alexander S. Puschkin (279)

Hans Oppermann
Wilhelm Raabe (165)

Michael Töteberg
Fritz Reuter (271)

Hans Egon Holthusen
Rainer Maria Rilke (22)

Yves Bonnefoy
Arthur Rimbaud (65)

Herbert Günther
Joachim Ringelnatz (96)

Helmuth Nürnberger
Joseph Roth (301)

Paul Mayer
Ernst Rowohlt (139)

Walter Lennig
Marquis de Sade (108)

Luc Estang
Antoine de Saint-Exupréry (4)

Renate Wiggershaus
George Sand (309)

Marion Giebel
Sappho (291)

Walter Biemel
Jean-Paul Sartre (87)

Friedrich Burschell
Friedrich Schiller (14)

Ernst Behler
Friedrich Schlegel (123)

Hartmut Scheible
Arthur Schnitzler (235)

Jean Paris
William Shakespeare (2)

Hermann Stresau
George Bernhard Shaw (59)

bildmono rororo graphien

C 2058/5b

rowohlts bildmonographien

Thema Literatur

Manfred Linke
Carl Sternheim (278)

Urban Roedl
Adalbert Stifter (86)

Hartmut Vincon
Theodor Storm (186)

Justus Franz Wittkop
Jonathan Swift (242)

Fritz Heinle
Ludwig Thoma (80)

Wolfgang Rothe
Ernst Toller (312)

Janko Lavrin
Lev Tolstoj (57)

Otto Basil
Georg Trakl (106)

Tschechow
(siehe Cechov)

Klaus-Peter Schulz
Kurt Tucholsky (31)

Thomas Ayck
Mark Twain (211)

Hans-Uwe Rump
Walther von der Vogelweide (209)

Günter Seehaus
Frank Wedekind (213)

Peter Funke
Oscar Wilde (148)

Werner Waldmann
Virginia Woolf (323)

Marc Bernard
Emile Zola (24)

Thomas Ayck
Carl Zuckmayer (256)

bildmono ro ro ro graphien

C 2058/5c